DE

LA MONNAIE DE PAPIER

ET DES

BANQUES D'ÉMISSION

PARIS. — IMPRIMERIE DE J. CLAYE,
RUE SAINT-BENOIT, 7.

DE LA

MONNAIE DE PAPIER

ET DES

BANQUES D'ÉMISSION

PAR

AD. D'EICHTHAL

ANCIEN DÉPUTÉ

ANCIEN RÉGENT DE LA BANQUE DE FRANCE

ANCIEN ADMINISTRATEUR DE LA SOCIÉTÉ GÉNÉRALE
DU CRÉDIT MOBILIER

PARIS

GUILLAUMIN ET Ce, LIBRAIRES-ÉDITEURS

14, RUE DE RICHELIEU

—

1864

TABLE DES MATIÈRES

Pages.

APPENDICES.

N° 1.

N° 2.

N° 3.

N° 4.

N° 5.

N° 6.

N° 7.

N° 8.

N° 9.

N° 10.

N° 11.

N° 12.

N° 13.

N° 14.

N° 15.

FIN DE LA TABLE DES MATIÈRES.

INTRODUCTION

En 1840, la Chambre des députés était saisie d'une loi pour la prorogation du privilége de la Banque de France; M. Thiers était chargé du rapport; c'est assez dire l'intérêt qui s'attachait à la discussion. Les dangers des Banques départementales furent clairement signalés; la Chambre décida que l'établissement de toute nouvelle Banque d'émission, ainsi que la prorogation du privilége des Banques existantes, ne pourraient à l'avenir être autorisés que par des lois, non plus par des ordonnances.

Au mois de février 1847, à la suite de la perturbation causée par la crise alimentaire, la Banque de France était attaquée, à la tribune de la Chambre des députés, par M. Ledru-Rollin et par M. Mauguin [1]. J'eus alors l'honneur de soutenir devant la Chambre ce que je regarde comme les vrais principes économiques, et de défendre en même temps la

1. Voyez Appendices nos 7 et 8.

constitution et les actes de la Banque de France.

Au mois d'avril suivant, la Chambre discutait la question des billets de 250 francs. J'appuyai le fractionnement des billets, restreint toutefois dans de justes limites; j'essayai de nouveau d'expliquer la nature de l'intervention de la Banque de France dans les affaires du pays, d'indiquer les causes inévitables de variation dans le taux de l'intérêt, et de justifier la hausse occasionnelle de l'escompte.

Au mois de février 1848, en vertu des prescriptions de la loi de 1840, la Chambre des députés était saisie d'un projet de loi pour le renouvellement du privilége de la Banque de Bordeaux. M. Léon Faucher, dans un remarquable discours[1], fit ressortir les inconvénients et les dangers des Banques départementales, insista sur la nécessité d'une Banque unique. Après lui je défendis l'unité de la monnaie de papier, émise par une Banque unique, ayant des comptoirs dans toutes les parties du territoire[2].

La révolution de février éclata; le crédit de la Banque de France fut en un instant anéanti; le gouvernement provisoire, forcé d'autoriser la suspension du remboursement en numéraire des billets de toutes les Banques, fut amené, peu de jours après, à décréter la réunion des Banques départementales à la Banque de France.

Les discussions financières que je viens de rap-

1. Appendice n° 10.
2. *Id.*, n° 11.

peler prouvent que le principe de l'unité de la monnaie de papier, débattu à plusieurs reprises dans la Chambre des députés, était dès lors à la veille de prévaloir; seulement on renvoyait, d'un commun accord, l'application du principe au jour où viendrait, en 1853, l'examen de la prorogation du privilége de la Banque de France[1]. Telle était la situation au moment où la révolution de 1848 éclata, et si les événements ont obligé le gouvernement de la République à hâter l'application du principe d'unité, il n'a cependant fait qu'avancer une solution désormais inévitable.

Tels sont les avantages inhérents au système d'unité, en fait de circulation fiduciaire, que depuis cette époque aucune plainte ne s'était élevée contre cette fusion; quinze années s'étaient écoulées, sans que personne eût songé à proposer le retour au système antérieur, lorsque tout à coup une clause du traité d'annexion de la Savoie à la France a fait réapparaître une Banque départementale, bien modeste par son capital, plus modeste encore par le chiffre de ses billets en circulation.

Tout naturellement, cette Banque a cherché à tirer parti de cette position exceptionnelle; le gouvernement, de son côté, désireux d'effacer de notre système économique une fâcheuse anomalie, a provoqué une négociation ayant pour but l'absorption

1. Appendice n° 12.

de la Banque de Savoie par la Banque de France, ou au moins le rachat par celle-ci du droit d'émission de la monnaie de papier.

Cette négociation a échoué, et la Banque de Savoie a fait appel à une grande puissance financière, à MM. Pereire; il est intervenu entre elle et eux un contrat stipulant, entre autres dispositions, l'augmentation du nombre des actions de 4,000 à 40,000 [1]. Le gouvernement s'est opposé à l'exécution du traité approuvé par l'assemblée générale des actionnaires.

Alors la question a été portée devant le public dans une brochure reproduite par presque tous les journaux. La combinaison proposée a été appuyée par des doctrines, bien des fois victorieusement combattues, toujours cependant invoquées à chaque crise nouvelle, sur la pluralité des Banques d'émission, sur l'emploi de leur capital, sur le taux de l'intérêt; des attaques se sont aussi produites contre la Banque de France, en vue de justifier la création d'un second privilége en faveur de la Banque de Savoie agrandie.

Ayant de tout temps différé d'opinion avec d'anciens amis sur la grave question des Banques d'émission, au moment où il s'agissait de passer de la théorie à la pratique, j'ai senti qu'en présence des

1. Voir le rapport fait à l'Assemblée générale de la Banque de Savoie en juillet 1863.

dangers dont cette tentative pouvait être la source, c'était pour moi un devoir impérieux de tenter un nouvel effort, afin d'épargner au pays les maux que, toujours et partout, la pluralité des Banques d'émission a entraînés après elle.

J'ai combattu les assertions des amis de la Banque de Savoie dans une lettre publiée par le journal *le Temps*.

Les mêmes attaques, les mêmes théories ont été depuis reproduites dans deux nouvelles brochures. L'introduction de la dernière énonce nettement les deux points principaux de l'argumentation :

1° La fusion d'un certain nombre de Banques départementales avec la Banque de France en 1848 n'a été qu'un fait accidentel. La pluralité des Banques d'émission est aujourd'hui, comme avant 1848, le principe de la loi du pays ;

2° Le capital des Banques doit être employé, non pas en vue de la garantie qu'elles doivent à leurs créanciers, mais pour les besoins directs de l'industrie et du commerce. La Banque de France doit vendre les fonds publics qu'elle possède, afin de recouvrer la disponibilité de son capital, pour l'engager dans ses opérations. Il faut, de plus, créer une concurrence à cette institution pour l'émission de la monnaie de papier, par la consolidation et le développement de la Banque de Savoie. On ne pousse pas d'ailleurs plus loin l'application de la théorie de la liberté des Banques d'émission ; on se contente de substituer le privilége à deux au privilége exclusif d'un seul établissement.

Ce retour à des doctrines que l'expérience et la théorie ont également condamnées m'a fait penser qu'il pourrait être utile de reprendre la question dans ses principes; c'est ce que j'ai essayé de faire dans les pages qui suivent, en profitant des lumières que des publications récentes ont répandues chez nous sur ce sujet, et en m'appuyant aussi sur l'autorité des hommes d'État, des économistes, des négociants les plus éminents de l'Angleterre, sir Robert Peel, lord Overstone[1], M. John Stuart Mill[2] et M. Goschen[3], représentant de la Cité de Londres au Parlement.

En nous plaçant sur le terrain même choisi par les auteurs de la dernière brochure, nous examinerons successivement les questions suivantes :

Unité de la monnaie de papier, — limites de son émission;

Pluralité des Banques d'émission, — emploi de leur capital;

Variations du taux de l'intérêt.

Après avoir discuté les principes, nous passerons en revue la constitution des principales institutions chargées de l'émission de la monnaie de

1. Voyez Appendice n° 1.
2. *Id.*, *id.*, n° 5.
3. *Id.*, *id.*, n° 2.

papier en France, en Angleterre, dans l'Inde anglaise.

Nous examinerons la constitution actuelle de la Banque de Savoie, et les modifications proposées au système qui prévaut partout jusqu'à ce jour.

Enfin, nous analyserons le projet d'organisation de la Banque nationale, en ce moment soumis au Sénat italien.

Et, à propos de la Banque de Savoie, qu'il nous soit permis de remarquer, dès maintenant, ce qu'il y a de vraiment étrange dans sa destinée. En devenant française, elle est l'occasion d'une attaque violente contre le principe de l'unité de la monnaie de papier, heureusement établie chez nous depuis 1848. Si elle était [1] restée italienne, elle ne serait plus, à cette heure, qu'une branche de la Banque na-

1. « La Banque d'Italie aura un capital de 100,000,000 de livres, divisé en 100,000 actions de 1,000 livres chacune. Ce capital sera représenté par 40,000 actions de la Banque nationale et 10,000 actions de la Banque de Toscane; des autres 50,000 actions...

« Les statuts de la nouvelle Banque que j'ai l'honneur de soumettre à l'approbation du Sénat ont été approuvés par les conseils d'administration de la Banque de Toscane et de la Banque nationale; seulement, la dernière a fait réserve de l'approbation de l'assemblée générale des actionnaires. » (*Extrait de l'exposé des motifs du projet de loi pour l'organisation de la Banque d'Italie*, p. 27, par M. Manna, ministre de l'agriculture et du commerce.)

La commission du Sénat donne, dans son rapport, son approbation à ces dispositions. (*Rapport de M. P. Farina, du 21 janvier 1864.*)

tionale; c'est le sort auquel a dû se résigner sa plus puissante sœur, la Banque de Toscane, sous la pression exercée sur elle par le gouvernement italien, qui a proclamé d'intérêt public l'unité de la monnaie de papier.

Ad. D'EICHTHAL.

Paris, 10 février 1864.

DE

LA MONNAIE DE PAPIER

ET

DES BANQUES D'ÉMISSION

BONS DE VIREMENT. — BILLETS DE BANQUE. MONNAIE DE PAPIER.

Chaque crise commerciale, chaque crise monétaire fait renaître des systèmes aussi variés qu'étranges sur les Banques, les billets de banque, le taux de l'intérêt, etc. Si le débat soulevé à l'occasion de la Banque de Savoie a donné lieu à des publications qui témoignent des progrès de la science économique en France, les propositions qui, cette fois encore, abondent de tous côtés, donnent la preuve trop évidente que les vrais principes, même dans une question aussi grave que celle de la monnaie fiduciaire, sont encore bien peu répandus dans le public.

Le billet de banque semble un agent mystérieux

dont chacun fait varier le rôle et la puissance à sa fantaisie.

Quelque élémentaire que soit le sujet, il paraît donc utile de dire, avant tout, ce que sont les chèques et les bons de virement; les billets à vue, au porteur, désignés sous le nom de billets de banque.

Il y a bien peu d'années, dans une ville qui, de son ancienne importance commerciale, n'avait conservé que l'avantage d'être le centre des opérations de banque d'une partie de l'Allemagne du Sud, à Augsbourg, tous les engagements se soldaient encore en numéraire.

Deux jours par semaine, on voyait circuler dans les rues force brouettes, portant de l'un à l'autre des pièces de monnaie de toute espèce.

Supposons une Banque établie à un jour donné dans une pareille ville. Tous ceux qui ont des engagements à payer se font ouvrir un compte-courant, et y déposent le numéraire qu'ils conservaient chez eux; chaque débiteur s'acquittera désormais par une délégation sur la Banque, que le créancier, à son tour, versera pour son compte à cette Banque; toutes les opérations de la journée seront balancées, sans autre mouvement de numéraire que celui nécessaire pour l'acquittement des salaires et des dépenses journalières, ainsi que pour quelques payements au dehors.

L'avantage que procure la Banque ne se borne pas d'ailleurs à l'économie de temps, de peines, de risques, obtenue par ce mode de liquidation journalière. Après une expérience plus ou moins longue, la Banque reconnaît que, dans l'état normal, le mouvement de tous les comptes ouverts sur ses livres laisse toujours dans sa caisse un *minimum* de numéraire ; cette somme, elle peut sans danger en disposer, pourvu que l'emploi qu'elle en fait soit sûr et d'une réalisation toujours facile ; le bénéfice qu'elle en retire est la rémunération des services qu'elle rend à ses clients. Une partie du capital du pays cesse ainsi de remplir l'office improductif de moyen d'échange, et peut être employé fructueusement.

Dans le cas que nous venons de supposer, ce sont en général des négociants et des industriels, capables de surveiller les opérations de la Banque et de défendre leurs intérêts, qui lui versent leurs capitaux en compte-courant. Il ne peut donc y avoir qu'avantage à cette habitude de déposer, dans une caisse commune, le numéraire que chacun tiendrait en réserve chez lui, et d'effectuer tous les payements par des bons de virement, des chèques, pour employer le nom reçu. Ce n'est là qu'une opération commerciale ordinaire, qui doit rester sous l'empire de la loi commune. Tous ceux qui sauront assez mériter la confiance, pour attirer à eux des capitaux sous cette forme, doivent être libres de le faire, libres d'employer, comme ils le jugeront convenable, telle partie qu'ils voudront de ces dépôts. S'il pouvait se créer dans chaque ville, dans chaque quartier des grandes villes, un ou plusieurs établissements de ce genre, servant de liquidateurs aux affaires de leurs voisins et se liquidant à leur tour entre eux dans un centre commun, ce serait pour tous un avantage incontestable.

Ce procédé diminue l'inconvénient du transport du numéraire, les risques de sa conservation pour ceux qui ont un compte ouvert à la Banque, mais ne les supprime pas pour les payements à faire à des tiers qui n'ont pas cet avantage : c'est ici que le billet de banque intervient.

Un billet, payable à vue, au porteur d'une somme déterminée, d'une forme invariable, émanant d'un établissement qui inspire une confiance générale par son capital et par sa prudence, peut rendre, pour les transactions courantes, le même service que les chèques pour la liquidation des engagements commerciaux.

Si ce billet est généralement accepté, la réserve de chacun se composera, en grande partie, à la Banque, d'un dépôt en compte-courant, dont il disposera par des chèques, et chez lui, de billets de banque et de numéraire.

L'expérience montrera quel est le *minimum* des billets de banque qui, dans une situation normale, ne se présente pas au remboursement. Une partie correspondante du numéraire pourra encore être retirée de la réserve et utilisée pour d'autres emplois.

A côté de ces caractères communs aux chèques et aux billets de banque, se manifestent des différences capitales.

Remis par un grand nombre de personnes à des tiers qui, le plus souvent, ne connaissent pas leur cédant, sans autre engagement de la Banque que celui de payer, pour le souscripteur, si, au moment de la présentation des chèques, il est encore créancier, sans aucune priorité pour le porteur en vertu de la date de souscription, ni d'aucune autre condition, les chèques ne peuvent circuler que quelques heures au plus. Ils ne servent qu'à transférer un capital d'un compte à un autre, et on ne remet pas au lendemain l'obtention d'un transfert, qu'il y aurait imprudence à ne pas régulariser le jour même.

Le billet de banque, au contraire, est destiné à servir de réserve dans les caisses des particuliers et à opérer les payements dans lesquels les chèques ne peuvent pas intervenir. Émis par un individu ou une compagnie jouissant d'une confiance exceptionnelle, et dont l'engagement subsiste jusqu'à remboursement, le billet de banque doit nécessairement rester en circulation et remplacer en partie le numéraire dans tous les échanges, servir comme lui de mesure de toutes les valeurs.

Le porteur du billet n'est cependant presque jamais en état de connaître, d'apprécier la position réelle du débiteur. C'est donc un devoir pour l'État d'intervenir, de modifier au besoin la loi commune, dans le double but d'assurer au public les garanties auxquelles il a droit et de faire que la monnaie, composée désormais de numéraire et de billets de banque, ne puisse jamais être altérée dans sa valeur.

Avant d'examiner ce que la loi doit prescrire ou défendre, recherchons si, pour le billet de banque, pour la monnaie de papier, l'unité est aussi nécessaire que pour la monnaie métallique, et si l'émission de cette monnaie fiduciaire a des limites qui ne puissent pas être franchies sans danger.

UNITÉ DE LA MONNAIE DE PAPIER.

L'unité de la monnaie métallique est un des grands progrès réservés à la civilisation moderne. Un de nos plus célèbres économistes, l'un des administrateurs de la Société générale de Crédit mobilier, M. Michel Chevalier, fait, depuis plusieurs années, d'énergiques et fructueux efforts pour faire adopter, dans le monde entier, l'unité des mesures et en particulier celle de la monnaie. Et cependant, il est facile d'imposer et d'obtenir, pour la fabrication de la monnaie métallique, les conditions nécessaires d'identité, de poids, de titre, de forme, d'empreinte, et d'exercer un contrôle tel que toute fraude soit impossible. Ce contrôle fût-il insuffisant, tant de causes amènent journellement, par la refonte incessante du numéraire, une vérification de son poids et de son titre, que toute fraude serait promptement reconnue et arrêtée. On pourrait donc, à la rigueur, concevoir la pluralité des monnaies métalliques, avec un simple poinçon indiquant le contrôle de l'État.

La monnaie métallique, dont il est si facile d'assurer le poids et le titre légal, n'est d'ailleurs qu'une marchandise, qui a reçu un caractère spécial, sans rien perdre de sa valeur intrinsèque.

Le gouvernement ne retire aucun profit de l'émission de la monnaie métallique et n'a, dès lors, aucune incitation à un monnayage inutile. Si, cependant, cet excès de monnayage se produit, ou si une cause quelconque diminue les besoins de la circulation, personne ne voulant conserver une marchandise dont le prix ne peut pas s'élever, et qui, faute d'utilisation, entraîne une perte d'intérêts, le numéraire surabondant rentre dans les réservoirs publics ; il est exporté ou appliqué à d'autres usages, tels que la fabrication des bijoux et de l'argenterie, la dorure, l'argenture.

Malgré toutes ces considérations, personne n'oserait proposer l'abandon de l'unité de la monnaie métallique. Comment ce qui est si désirable pour la monnaie métallique cesserait-il d'être utile, quand il s'agit de la monnaie de papier, qui remplit le même office ?

Nous n'examinerons pas ici le cas où la monnaie de papier ne serait émise que pour une somme égale à celle du numéraire gardé par contre en dépôt ; dans cette supposition, il serait aisé de concevoir sur son émission un contrôle aussi sûr que celui exercé sur la fabrication de la monnaie métallique.

Mais l'opération se bornant à l'émission des billets contre dépôt de numéraire, à la restitution de ce numéraire contre les billets émis par contre, il ne reste que des frais à supporter par celui qui fait l'émission; il ne peut avoir aucun bénéfice : ce n'est pas pour cette combinaison que se constituent les Banques d'émission.

Admettons donc qu'une partie du numéraire, déposé en échange des billets, est utilisée par la Banque qui les émet.

Si, une fois frappée de l'empreinte légale, la monnaie métallique ne réclame plus d'autre action publique que celle nécessaire pour en empêcher l'altération frauduleuse, pour la monnaie de papier, au contraire, le plus important reste à faire, après qu'elle est émise. Le billet n'est pas une marchandise, il n'a pas une valeur intrinsèque ; il n'est que l'engagement de délivrer une certaine somme de monnaie métallique.

Il faut dès lors veiller au maintien des garanties dues au public, et à l'existence des ressources nécessaires pour le remboursement de la monnaie de papier.

Le billet doit nécessairement porter l'indication du débiteur, qui s'engage à le payer en numéraire à première demande; si l'émission est faite par des individus ou par des établissements différents, les billets porteront des empreintes différentes et pourront aussi avoir une valeur différente, suivant le crédit accordé au débiteur. Le public aura une égale difficulté à connaître la valeur réelle de chaque billet, et à se mettre à l'abri des faux, favorisés par cette multiplicité d'empreintes.

Le bénéfice à réaliser étant proportionnel à la somme de billets en circulation, chaque établissement s'efforcera d'augmenter son émission, et pour développer ses affaires, ira au-devant de ses clients pour leur offrir le crédit qui les poussera à des entreprises exagérées, à des spéculations imprudentes; celles-ci conduiront inévitablement à des crises, ou au moins à des réactions violentes.

La pluralité des billets de banque a donc des inconvénients graves; surexcitation du travail et de la spéculation, facilité de fraude, difficulté d'appréciation de la valeur des billets d'origine différente, limitation de la circulation de chaque billet dans un cercle restreint. Quel avantage cette pluralité peut-elle présenter? Nous n'en apercevons aucun; on ne nous en signale aucun.

On ne peut pas craindre que l'unité de la monnaie de papier puisse en restreindre la circulation. Le bénéfice que procure son émission, la convenance que le public trouve à son usage, créent à la fois, d'un côté, la demande pour le billet de banque, et, de l'autre côté, le désir de le multiplier. On peut donc être assuré que l'émission atteindra toujours ses limites extrêmes ; ce n'est pas l'insuffisance, c'est l'excès d'émission qui est à redouter.

LIMITES DE L'ÉMISSION.
COUPURES DES BILLETS DE BANQUE.

Dans un pays où il n'existe que de la monnaie métallique, le public conserve dans ses mains le numéraire nécessaire pour le besoin des transactions journalières et pour la réserve que chacun se crée, en vue des besoins imprévus ; suivant l'activité des affaires, cette quantité augmente ou diminue.

Si le travail vient à se développer trop rapidement, si la prospérité, et à sa suite la spéculation, amènent une hausse exagérée des prix, le numéraire devient insuffisant ; il est recherché, et sa plus grande valeur se manifeste, non par la hausse nominale du prix de la pièce d'un franc ou de la pièce de vingt francs, dont la valeur légale est invariable, mais par la baisse du prix des objets en échange desquels elles sont données [1].

Il en est de même quand l'état des changes, résultat des opérations commerciales et financières, amène l'exportation des métaux précieux.

1. Voir Appendice n° 5.

Dans cette double supposition, le développement excessif du travail ou de la spéculation se trouve arrêté par l'insuffisance ou la diminution du numéraire, et par la baisse du prix de toutes choses, qui en est la conséquence.

Si, au contraire, le travail vient à décroître, les transactions à se réduire, si par une cause quelconque le niveau des prix est bas, l'exportation des marchandises augmente, leur importation diminue, les métaux précieux rentrent dans le pays pour solder la différence des ventes aux achats, et deviennent abondants.

Ainsi la situation générale du pays, dans le cas d'une monnaie entièrement métallique, amène un mouvement d'exportation et d'importation du numéraire, qui réagit à son tour sur la situation qui l'a produit.

Et telle est la puissance de ces oscillations, qu'il est impossible, par exemple, en ne tenant compte que des causes commerciales, de concevoir un cas où la diminution de la monnaie métallique en circulation ne serait pas arrêtée bien avant le moment où le pays en serait complétement dépourvu, et cela par le fait seul que, la monnaie acquérant une valeur d'autant plus grande qu'elle est plus rare, la baisse du prix des marchandises va croissant, à mesure que le numéraire sort, et permet de plus en plus de les substituer aux métaux précieux pour le paiement des dettes à l'étranger.

Qu'arrivera-t-il, dans le même cas, si, le numéraire étant en partie remplacé par une monnaie de papier, l'émission de cette monnaie n'est pas soumise à des règles rigoureuses? L'insuffisance du numéraire, son exportation, seront compensées par une émission nouvelle de billets; la situation réelle ne se révélera plus par une baisse graduelle des prix, proportionnelle aux progrès du mal. On continuera à produire au delà des besoins de la consommation, à acheter autant au dehors, tandis qu'on y vendra moins; l'exportation du numéraire ira croissant, jusqu'à ce que, par suite du maintien artificiel des prix, le mal arrive à un degré tel, qu'une crise devienne inévitable et amène subitement, à un moment donné, une dépréciation énorme de toutes les valeurs existantes et la suspension presque complète du travail pendant un temps plus ou moins long.

Nous insistons ici sur une différence essentielle entre l'accroissement de la monnaie métallique et celui de la monnaie de papier; la dépréciation de l'une, par suite d'une production exceptionnelle des métaux précieux, devient nécessairement générale et n'apporte aucune perturbation dans les rapports des différents pays entre eux; l'excès d'émission de la monnaie de papier doit, suivant toute probabilité, être local, et en aucun cas on ne peut le supposer égal partout; il en résulte nécessairement un changement dans les rapports entre le pays où cet excès se produit et les autres pays.

Il faut donc que l'émission de la monnaie de papier soit réglée de telle façon qu'elle se comporte, en toute circonstance, exactement comme le ferait le numéraire qu'elle remplace.

L'expérience avait semblé démontrer, jusqu'à une époque assez récente, que les deux tiers des billets en circulation ne se présentaient jamais au remboursement, et que, par conséquent, on pouvait atteindre le but proposé en conservant, en numéraire ou en métaux précieux, le tiers à peu près du montant des billets émis. En supposant cette règle établie et observée, voici ce qui doit se passer.

Dans les cas où, avec une monnaie entièrement métallique, une certaine somme de numéraire serait sortie des caisses des particuliers, pour être exportée, le public réclamera inévitablement de la Banque l'échange d'une somme équivalente de billets, contre du numéraire, qui ne sera retiré des coffres de la Banque que pour sortir immédiatement du pays. Si, au contraire, les métaux précieux affluent et que les transactions augmentent, on apportera l'or et l'argent à la Banque, pour obtenir en échange des billets dont l'usage est plus commode.

Ainsi, pourvu qu'au delà d'une proportion que l'expérience détermine, les billets ne puissent être émis que contre une somme égale de numéraire à conserver dans le trésor de la Banque, les besoins du public règlent seuls, dans ce système, l'importance de la somme de billets qui peut rester en circulation. Sous l'influence des mêmes causes, la monnaie de papier, comme la monnaie métallique, deviendra rare, et cette rareté même, servant de remède au mal, en arrêtera le progrès ultérieur.

La coupure des billets a aussi une influence directe sur l'importance de la circulation; elle peut contribuer à l'étendre ou à la restreindre; c'est aux pouvoirs publics à décider jusqu'où la division du billet peut descendre sans inconvénients et sans dangers.

La facilité qui résulte, pour les faussaires, de l'état matériel des petits billets en circulation dans les mains des ouvriers, du manque d'aptitude de la masse du public à les reconnaître, l'inconvénient, en cas de dépréciation, de faire porter la perte sur la classe nombreuse et pauvre, sont des raisons sérieuses pour empêcher un trop grand abaissement des coupures; au reste, nous pensons qu'on exagère également les inconvénients et les avantages des petites coupures.

La loi anglaise fixe, pour limite inférieure des billets à vue au porteur, 125 francs [1]. Il semble que chez nous le billet de 100 francs suffit aux besoins du public. Si le billet de 50 francs est utile, il remplacera probablement, dans une assez forte proportion, les billets de 100 francs et de 200 francs, et ne contribuera pas beaucoup à augmenter la circulation totale. Dans un pays comme le nôtre d'ailleurs,

1. Voir Appendice n° 4, opinion de lord Ashburton.

où l'économie annuelle dépasse probablement un milliard de francs, quelle importance peut avoir l'addition, une fois pour toutes, au capital disponible, de 50, de 100 millions de francs, par la création de petits billets de banque, qui ont des inconvénients incontestables ?

Nous venons de démontrer que l'unité de la monnaie de papier est nécessaire pour la convenance et la sécurité du public, et en second lieu que, sous un régime qui garantit cette sécurité, l'importance de la circulation dépend, non pas du nombre des agents chargés de l'émission, mais seulement des besoins réels du public.

Ceci bien établi, il reste à examiner à qui sera confiée la fonction d'émettre et de rembourser la monnaie de papier ; quel est l'emploi qui doit être fait du capital rendu disponible par la circulation des billets de banque et de celui que la Banque reçoit de ses actionnaires et de ses clients.

DES AGENTS CHARGÉS DE L'ÉMISSION DE LA MONNAIE DE PAPIER. BANQUES D'ÉMISSION. EMPLOI DES CAPITAUX DONT ELLES DISPOSENT.

La monnaie de papier remplissant le même rôle que la monnaie métallique, il semble qu'elle doive, comme celle-ci, être émise par l'État.

Mais telle est l'importance des lois qui limitent l'émission de la monnaie de papier et en garantissent le remboursement en numéraire, qu'en général, pour en assurer l'application rigoureuse, on a cru devoir confier l'émission des billets à quelque grande institution particulière, en réservant le contrôle seul à l'État.

On a craint, en effet, de voir le gouvernement, dans des circonstances difficiles, abuser du pouvoir qui lui serait laissé. En France, le souvenir encore vivant du système de Law et de la planche aux assignats a rendu cette crainte plus générale et plus durable.

L'État peut déléguer le droit, qu'il renonce à exercer par lui-même, d'émettre la monnaie de papier, soit à une institution n'ayant aucune autre attribution, soit à une Compagnie remplissant cette fonction, et faisant en même temps les opérations de Banque proprement dites. Dans les deux cas il doit imposer à la Compagnie qu'il choisit les règles qu'il s'imposerait à lui-même; il doit exiger, en particulier, la représentation des billets, pour une portion considérable, par une réserve en numéraire, et pour le reste par des fonds publics.

L'intérêt de ces fonds publics laisserait, après payement des frais et le prélèvement d'une réserve pour couvrir certaines pertes éventuelles, dont nous parlerons plus loin, un bénéfice dont l'État abandonnerait une part à la Compagnie chargée de l'émission, et s'attribuerait l'autre, sous la forme, soit d'une somme d'argent à prélever, soit de certains services à exiger sans allouer de rémunération.

Une institution chargée uniquement de l'émission de la monnaie de papier fonctionnerait avec une grande simplicité.

Tant que la sortie du numéraire resterait dans la limite de certaines oscillations régulières, dont les causes sont bien connues, aucune mesure ne serait prise pour l'arrêter; quand les demandes de remboursement des billets dépasseraient ces limites, des ventes successives de fonds publics viendraient rétablir la proportion entre les billets en circulation et le numéraire en caisse. La baisse des prix, sans laquelle la sortie des métaux précieux ne peut pas être arrêtée, serait ainsi produite par une double cause : la restriction de la circulation tendrait à produire une baisse générale, et la vente des fonds publics agirait dans le même sens, mais spécialement sur le cours des valeurs cotées à la Bourse.

La demande de billets et la rentrée de l'or dans les caisses donneraient lieu au contraire, de la part du Bureau de l'émission, à un achat proportionnel de fonds publics dans les limites prescrites; la perte éventuelle résultant de la vente et de l'achat serait, comme les frais de gestion, couverte par l'intérêt des placements opérés.

Ce système n'a pas généralement prévalu. En France, en Angleterre, en Italie, en Autriche, l'émission de la monnaie de papier a lieu par le second mode que nous avons indiqué. Cette émission s'est faite d'abord, comme nous l'avons expliqué, sans plan arrêté à l'avance, par des particuliers ou des compagnies, s'occupant en même temps d'affaires de Banque. Le législateur a trouvé le fait établi, et c'est avec ce double caractère qu'il a presque partout constitué les Banques d'émission.

Ces Banques s'adressent au crédit, pour obtenir des capitaux, par l'émission de leurs billets et par l'ouverture de comptes de dépôt; puis elles distribuent à leur tour, par l'escompte du papier de commerce et par des avances sur valeurs mobilières, le capital qu'elles ont réuni.

Afin d'obtenir la confiance dont elles ont besoin, elles font verser par leurs actionnaires un capital assez considérable pour servir de garantie aux porteurs de leurs billets et à leurs créanciers en compte-courant.

Les capitaux provenant de ces trois origines, émission de la monnaie de papier, dépôts en comptes-courants, versements des actionnaires, se confondent ordinairement, entre les mains de la Banque, dans une seule comptabilité et sans aucune affectation à un emploi spécial. De là une confusion qui rend très-difficile l'appréciation des opérations de la Banque. Le public, ne distinguant pas, dans les ressources dont la Banque dispose, ce qui vient de l'émission de la monnaie de papier et ce qui est dû au crédit que la Banque obtient de ses clients, se laisse induire en erreur par les plaintes intéressées des commerçants et des spéculateurs. Il en résulte une hostilité sans fondement contre la Banque et une pression qui peut la pousser dans une voie dangereuse.

Cette double attribution présente cependant en elle-même de grands avantages qui doivent en faire désirer le maintien. Les crises commerciales, dont nous rechercherons plus loin les causes, se manifestent en général par l'augmentation des demandes d'escompte, qui précèdent et accompagnent le mouvement d'exportation des métaux précieux.

Placée, par ses opérations d'escompte et par la multiplicité de ses comptoirs, de manière à surveiller les causes qui peuvent amener une perturbation, la Banque peut apercevoir et signaler en temps utile la crise qui se prépare, et que, sans elle, on ne reconnaîtrait que lorsqu'il serait trop tard pour y remédier.

C'est une erreur grave de croire que la situation réelle soit facilement connue et appréciée par la masse des industriels et des commerçants. En général, ils ne tiennent aucun compte de la solidarité absolue qui existe entre tous les travailleurs d'un pays ; le maître de forges, le fabricant de machines, tous les industriels et les marchands, qui ont vu leurs affaires décuplées par la création des chemins de fer, ne comprennent et surtout n'admettent pas que, si les travaux publics ont été trop développés, ils doivent se résigner à prendre leur part du malaise qui en résulte, comme ils ont profité de la prospérité que ces grandes entreprises ont créée. Ils ne savent pas que, le plus souvent, ils ont eux-mêmes largement contribué à produire la gêne dont ils souffrent, en accroissant outre mesure leur outillage et leurs approvisionnements.

Aux époques de prospérité chacun devient spéculateur sans en avoir conscience. Le commerçant, qui voit les prix monter, s'approvisionne de marchandises pour six mois au lieu de trois, et peut-être dans une proportion plus forte, en vue d'un nouvel accroissement de consommation et d'une nouvelle hausse qu'il prévoit, et à laquelle il pousse ainsi lui-même. Il n'aperçoit la réaction que quand la consommation s'arrête, et que la baisse des prix le surprend avec un stock exagéré.

Dans ce moment même, nos grands filateurs de coton ne peuvent-ils pas contribuer à augmenter la crise monétaire, si, prévoyant la hausse de la matière première qui leur est nécessaire, ils achètent dès aujourd'hui tout le coton nécessaire pour leur consommation de l'année? Par leur empressement à opérer, ne produisent-ils pas eux-mêmes la hausse à laquelle ils cherchent à se soustraire? ne concentrent-ils pas ainsi sur quelques semaines des besoins de numéraire qui, répartis sur l'année entière, auraient peut-être, durant cette période, trouvé des compensations? n'est-ce pas là une spéculation qui a ses dangers et qu'une Banque, en tout cas, ne devrait pas favoriser, intéressée qu'elle est à la sécurité de la monnaie fiduciaire? Cet exemple, nous le prenons entre bien d'autres, tout aussi frappants.

Une Banque centrale, avec des comptoirs sur toute la surface du pays, est en mesure de connaître chaque jour la situation. Quand elle voit apparaître les symptômes d'une activité exagérée, de spéculations imprudentes, son devoir est d'avertir le pays, et d'appuyer ses avertissements par des mesures efficaces.

Elle peut arrêter l'élan excessif des transactions, en restreignant, de bonne heure, le crédit dont elle dispose, et en agissant en même temps, si cela est utile, sur le marché des valeurs mobilières par des ventes de fonds publics. Ce double moyen d'action dans la même main a des avantages qu'on ne peut contester et auxquels rien ne peut suppléer. Chargée d'assurer à la fois le remboursement des billets et celui des comptes courants, elle a d'ailleurs ainsi un double motif de prudence et de vigilance.

L'exemple de l'Angleterre prouve qu'on peut conserver les avantages de ce double rôle des Banques et faire disparaître la confusion dont nous avons signalé les fâcheux effets. Il suffit, pour cela, de séparer dans la pratique toutes les opérations qui se rattachent à la monnaie de papier, des opérations de Banque proprement dites; de les confier, sous une seule direction, à des bureaux tout à fait spéciaux, avec une comptabilité complétement distincte.

Ce procédé bien simple permet de suivre et de distinguer facilement toutes les opérations de la Banque, d'appliquer les règlements reconnus nécessaires pour sauvegarder le crédit monétaire, sans qu'aucun intérêt se croie lésé.

La séparation, dans la comptabilité, des capitaux d'origines diverses, suffit pour expliquer l'emploi différent qui en doit être fait.

Le capital que le public tout entier confie à la Banque, en échange de ses billets, doit être, soit gardé en numéraire à la disposition des porteurs de ces billets, soit placé en fonds de l'État, à l'avantage du crédit public.

Le capital que confient à la Banque ses clients, presque tous négociants dont elle fait par contre le service de caisse, est appliqué à des opérations d'avances ou d'escompte.

Le capital social, qui sert de garantie aussi bien aux billets qu'aux créanciers en comptes-courants, peut être partagé entre les deux natures d'emplois, ou recevoir l'un des deux seulement, suivant les circonstances.

Pour tout ce qui se rattache à la monnaie de papier, des règles absolues déterminent la conduite de la Banque, à laquelle seulement une certaine latitude doit être laissée pour la vente et le rachat des fonds publics, sous le contrôle du gouvernement.

En ce qui touche les affaires de Banque proprement dites, la Banque devra toujours conserver entre ses mains des ressources suffisantes pour faire face aux demandes de remboursement des dépôts en comptes-courants; si le capital qu'elle tient disponible dans ce but diminue au delà d'une certaine proportion, elle est tenue de rétablir, entre sa réserve et ses dettes exigibles, la proportion convenable.

Pour maintenir intact son crédit vis-à-vis des porteurs de ses billets et de ses dépositaires en comptes-courants, la Banque a trois moyens :

Vendre des fonds publics;

Diminuer ses avances et ses escomptes;

Hausser le taux de l'intérêt dans une proportion assez forte pour attirer les capitaux étrangers et les capitaux du pays qui restaient sans emploi utile.

Nous allons examiner successivement chacun de ces moyens.

La vente de fonds publics permet à la Banque de niveler le taux de l'intérêt, quand, par des causes dont nous n'avons pas à nous occuper ici, il est plus bas sur le marché des fonds publics que dans les transactions de commerce.

La baisse des valeurs à la Bourse agit bien d'une manière générale, mais elle ne se fait pas assez directement et rapidement sentir dans les transactions commerciales ; en l'absence d'événements politiques de nature à l'expliquer, on l'attribue aux spéculations à la baisse, et le commerce s'y croit, en général, tout à fait désintéressé.

Ce moyen de protéger le crédit de la Banque, par la baisse qui en doit résulter, est donc insuffisant ; d'ailleurs, en le proposant, nous sommes loin de nous rencontrer avec les partisans de la vente définitive. sans faculté de rachat, des fonds publics que possède la Banque. Nous sommes loin surtout de voir comme eux dans cette vente un élément de hausse des fonds publics.

Nous demandons que la Banque possède toujours des fonds publics pour la moitié environ de la somme des billets émis ; à l'appui de cette proposition, nous citerons l'exemple de la Banque d'Angleterre, qui a ordinairement 700,000,000 de francs de billets en émission. Par contre, elle possède une créance directe sur l'État de 275,000,000 de francs, créance qui établit une solidarité absolue entre le crédit de la Banque et celui de l'État. Elle place généralement en fonds publics ou billets de l'Échiquier, dont elle dispose à son gré, 75,000,000 de francs.

Ces placements absorbent ensemble une somme de 350,000,000 de francs, c'est-à-dire une somme égale à la moitié des billets en circulation. L'autre moitié est conservée en numéraire dans les caisses du comptoir de l'émission.

Aux États-Unis, dans presque tous les États, les

Banques sont tenues par la loi d'employer en fonds de l'État la totalité du capital représenté par leurs billets; mais le remboursement en numéraire, à vue, ne paraît pas suffisamment assuré par cette seule prescription.

FIXITÉ DU TAUX D'INTÉRÊT DE L'ESCOMPTE.

Le second moyen que peut employer la Banque pour protéger son crédit est la diminution des avances et des escomptes, avec la fixité du taux de l'intérêt.

Les bénéfices de la Banque seront réduits, dans ce système, par le manque d'emploi de son capital quand le capital est abondant, par l'impossibilité de profiter de l'élévation du taux de l'intérêt quand le capital est rare. Ce ne serait là qu'une considération d'intérêt privé ; mais, dans les deux cas, le bénéfice qui échappe à la Banque le plus souvent tourne au profit d'autres capitaux et au détriment du commerce. Dans le premier cas, la Banque étant, malgré elle, éloignée du marché, et ne faisant plus concurrence aux capitaux des autres institutions de crédit et des particuliers, la baisse de l'intérêt est arrêtée avant d'atteindre sa limite naturelle ; dans le second cas, les clients de la Banque n'obtiennent l'escompte de leurs effets qu'à des conditions plus onéreuses, certainement, que celles que leur imposerait la Banque. C'est là un mal sérieux, cependant supportable ; mais ce qui peut arriver, et arrive en effet dans ce système, c'est qu'un négociant solvable, s'il est peu connu, ne réussit à aucun prix à se procurer, sur des effets d'un payement assuré, le capital qui lui est indispensable pour remplir ses engagements.

A ce sujet, qu'il nous soit permis de citer ce que nous disions en 1848, dans la discussion relative à la Banque de Bordeaux, en nous appuyant sur des résultats tout pratiques :

« La Banque de Lyon se vante comme d'un service important de ce qu'elle maintient le taux de l'intérêt constamment à 3 p. 100, quelle que soit la situation commerciale du pays, quelle que soit la crise qui peut désoler le commerce à Lyon et au dehors.

« Dans le rapport qu'elle vient de publier, c'est, à ses yeux, son plus grand titre à la reconnaissance.

« Savez-vous les conséquences de ce prétendu service ? Je ne veux pas lire à la Chambre les lettres que j'ai ici ; il n'y en a pas une dans laquelle on ne dise : N'opérez pas, ne remettez pas de papier long ; la Banque restreint son escompte ; elle ne prend plus que 10,000 francs par bordereau, que 5,000 francs, que 4,000 francs.

« Voilà cet admirable système de banque ; il dit

aux gens : Vous avez faim ; eh bien, je vous donnerai à manger à bon marché, mais je ne vous donnerai pas tout ce dont vous avez besoin. Il vous faut pour vivre une livre de pain, je ne vous en donnerai qu'une demi-livre, mais à bas prix.

« Quand un commerçant ne peut obtenir les ressources dont il a besoin; quand, avec les mains pleines de valeurs, il ne peut se procurer qu'une faible partie de la somme qui lui est nécessaire, il lui devient impossible de faire face à ses engagements, il suspend ses payements en maudissant le bon marché de votre argent. »

Nous savons maintenant à quoi se réduisent les prétendus avantages de la fixité du taux de l'intérêt. Nous avons vu que ce système, opposé à la marche naturelle des faits, est en réalité également contraire aux intérêts des Banques et à ceux de leurs clients. Il nous reste à examiner le système aujourd'hui à peu près universellement adopté, celui de la variabilité du taux de l'escompte fondé sur la variabilité du taux général de l'intérêt.

DES VARIATIONS ET DE L'ÉLÉVATION FACULTATIVE DU TAUX DE L'INTÉRÊT.

Avant d'apprécier la valeur du troisième moyen à la disposition des Banques d'émission pour maintenir leur réserve à un niveau suffisamment élevé, il faut examiner si la baisse absolue de l'intérêt peut dépendre de l'action des Banques et doit en être le but.

L'intérêt est le prix de location du capital; si nous supposons la liberté des transactions assurée, le taux de l'intérêt sera réglé, 1° par la proportion entre le capital disponible et l'emploi qu'il peut trouver; 2° par le profit que cet emploi assure à l'emprunteur.

Ce qui importe, c'est donc bien plus la supériorité du bénéfice du travail sur le taux de l'intérêt auquel le capital se loue, que la baisse absolue du taux de l'intérêt.

Un propriétaire qui, pour des dépenses improductives, emprunte à 3 p. 100 sur des terres qui lui rendent 2 p. 100 se ruine.

La Compagnie qui paye un intérêt de 6 p. 100 sur ses obligations, pour exécuter des travaux qui produisent un bénéfice annuel de plus de 10 p. 100, s'enrichit.

Le taux de l'intérêt est si peu une indication certaine de la situation d'un pays, que souvent, au contraire, un taux élevé est la preuve d'un redoublement de travail rémunérateur, et que le manque de confiance, le ralentissement du travail sont accompagnés ou suivis de l'abaissement du taux de l'intérêt.

Plus le travail auquel le capital est employé est

rémunérateur, plus la tendance à la hausse de l'intérêt devient grande ; en effet, le taux élevé des bénéfices amène la concurrence pour l'obtention du capital nécessaire au travail, dont chacun veut prendre sa part, et permet de prélever, pour le prêteur, une plus forte rémunération sous la forme d'un intérêt plus élevé.

Si les travaux de chemins de fer, de canaux, de rivières, de ports, de matériel militaire; si les constructions navales pour l'État et le commerce, les constructions de maisons et de monuments, les ameublements; si les achats à l'étranger de marchandises et d'objets de luxe, d'actions et de fonds publics, exigent une somme à peu près égale, à plus forte raison une somme supérieure à celle de l'économie de l'année; si, en même temps, les transactions ordinaires conservent leur activité ou en prennent une plus grande, *le capital sera demandé :* ceux qui le posséderont ne le prêteront qu'à un intérêt élevé.

Que si au contraire, par une cause quelconque, les travaux s'arrêtent, et que les transactions ordinaires diminuent, le fonds de roulement de chaque industriel, de chaque négociant, deviendra en partie disponible, *le capital sera offert :* ses détenteurs devront se contenter d'un intérêt peu élevé.

L'activité du travail, l'accroissement ou la réduction des bénéfices sont donc les causes qui amènent la hausse ou la baisse du taux de l'intérêt ; c'est aux mêmes causes qu'il faut attribuer la fréquence des variations qu'éprouve ce taux, et l'importance de ces variations.

L'augmentation du travail exige une plus grande quantité de monnaie fiduciaire ou métallique, pour faire face aux salaires et aux transactions de toute nature; elle exige une plus grande quantité de capital pour les travaux à exécuter, et en même temps, par l'attrait d'un taux très-élevé d'intérêt, chaque capitaliste est entraîné à employer tout ce qu'il peut avoir de disponible; on garde moins de capital sans emploi, quand l'intérêt est à 8 p. 100, que quand il est à 4 p. 100.

La réserve en capital, si l'on peut se servir de cette expression, tendra donc à se réduire, en même temps que les emplois du capital seront plus importants. Or, en fait de capital, comme pour toute marchandise, c'est le prix de l'appoint qui décide du prix de la totalité; les variations du prix de loyer du capital seront d'autant plus grandes et plus fréquentes que la réserve, l'appoint, sera plus faible, et que les besoins seront plus considérables.

Si la hausse de l'intérêt, si les variations qu'il éprouve sont un phénomène si fréquent de notre temps, il faut s'en prendre à ces admirables agents de la civilisation moderne, vapeur, chemins de fer, télégraphie électrique, qui, donnant dans le monde entier une si rapide et si immense impulsion à tous les travaux utiles, ont agrandi d'une manière prodigieuse la proportion de toutes les entreprises, ont rapproché tous les peuples, et établi entre eux une telle solidarité, qu'un excès de production ou un déficit dans le produit du travail chez l'un se fait immédiatement sentir chez tous les autres.

L'Amérique depuis deux ans a cessé de nous envoyer le coton et de prendre nos produits en échange ; le thé, la soie, le coton nous viennent de l'Inde, du Brésil et de l'Afrique, et il nous faut les payer en métaux précieux jusqu'à ce que ces nouveaux vendeurs aient appris à user de nos produits. La Californie, l'Australie nous envoyent, par contre, d'énormes quantités d'or ; ce sont là des causes aussi nombreuses que puissantes de variations dans l'état commercial de l'Europe et dans le taux de l'intérêt.

La Banque de France, la Banque d'Angleterre ne font que subir les effets des causes que nous venons d'indiquer ; elles ne peuvent qu'aider, par leur prudence, à en diminuer l'intensité, et, quand le mal est produit, à hâter la venue des compensations.

Leur puissance et leur responsabilité sont également exagérées dans l'opinion publique. Elles ne sont, de fait, que les liquidateurs des affaires du pays.

C'est donc de ceux qui combinent et dirigent les grandes affaires, de ceux qui distribuent le crédit à tous les étages de l'édifice industriel, que dépend surtout la situation financière du pays. Quelle peut être l'influence des Banques d'émission auprès de la leur ? Que sont les ressources dont la Banque de

France peut disposer en face des énormes transactions du pays tout entier?

Par l'importance de leur capital et des dépôts qui leur sont confiés, les Banques d'émission ont assurément une influence au milieu des autres institutions de crédit; obligées d'avoir par devers elles une réserve considérable en numéraire pour parer au remboursement des billets à vue, c'est à elles que tout le monde s'adresse, quand la gêne se produit; c'est dans leurs coffres qu'on va chercher les métaux précieux dont on a besoin, et quand la crise continuant, le commerce souffre, c'est elles qu'on veut rendre responsables de tout le mal.

Et cependant cette rareté du numéraire, cette rareté du capital, elles ne peuvent être pour rien dans les causes qui la produisent, à moins qu'elles aussi n'aient été imprudentes et n'aient distribué le crédit à leurs clients dans une trop grande proportion.

Quelle que soit la cause du mal, quand le capital fait défaut, quand le numéraire sort, le seul remède est l'appel, par l'élévation du taux de l'intérêt, à de nouveaux capitaux, au dedans et au dehors. La crise sera d'autant moins grave, d'autant moins longue, que l'action des Banques se sera fait sentir sous cette forme plus tôt et plus vivement.

L'élévation du taux de l'intérêt est, de l'avis de tous les hommes de science, de tous les hommes pratiques, le plus sûr, le moins douloureux des remèdes, celui qui agit le plus rapidement. Nous appelons l'attention de nos lecteurs sur les extraits que nous donnons plus loin des ouvrages des plus éminents économistes anglais, et en particulier sur la démonstration que donne M. Göschen [1] de la nécessité que cette élévation du taux de l'intérêt soit prompte et forte, pour être utile. Les journaux anglais, expression de l'opinion publique, sont unanimes pour gourmander la Banque d'Angleterre quand elle hésite à agir dans le cas où les changes sont défavorables, ou ne le fait pas assez énergiquement. L'*Economist*, le *Times* ne varient pas dans cette opinion.

Par la hausse de l'intérêt, le commerce peut voir ses bénéfices, dans les opérations déjà entamées, diminuer, disparaître, se transformer même en une perte; mais au moins il n'en résultera jamais pour lui l'impossibilité de remplir ses engagements. Les opérations nouvelles seront entravées; mais c'est précisément cette réduction de l'activité excessive et de la spéculation qui est nécessaire, et à laquelle il faut se résigner. Nous le répétons, d'ailleurs, la Banque, en élevant le taux de l'escompte, ne fait que proclamer un résultat déjà produit ou déjà inévitable, afin qu'il soit connu de tous et que les causes perturbatrices puissent être utilement combattues.

Les effets de la hausse de l'intérêt, diminution des transactions, baisse des prix, arrivée sur le marché

1. Voir Appendice n° 2.

de nouveaux capitaux, du dedans et du dehors, se combinent pour ramener le pays à une situation normale.

CRISES MONÉTAIRES. — DE LEURS CAUSES. DE LEUR FRÉQUENCE.

Ce que nous venons de dire des variations et de la hausse du taux de l'intérêt s'applique également à ce qu'on appelle les crises monétaires. Le numéraire n'est qu'une partie du capital du pays affectée provisoirement, sous une forme particulière, à un usage spécial; il subit donc l'influence des mêmes causes; mais de plus, sous cette forme, sa rareté ou son abondance agit directement sur les prix [1].

Développement du travail, élévation des salaires, accroissement de toutes les consommations, hausse générale des prix, sont des faits qui s'enchaînent, réagissent les uns sur les autres et ont un résultat commun. Les causes qui multiplient les transactions à l'intérieur font que le numéraire ne suffit plus à leur liquidation; et si les mêmes phénomènes, le même accroissement de travail, la même augmentation dans les consommations, et, par suite, la même élévation dans les prix, ne se produisent pas

1. Voir Appendice n° 5.

simultanément et au même degré dans les pays voisins, les marchandises et valeurs de toute nature affluent de l'étranger sur le marché le plus élevé, en même temps que les acheteurs s'en éloignent pour chercher ailleurs des conditions plus favorables. Les achats à l'étranger, dépassant les ventes qui s'y font, ne peuvent plus se solder que par une exportation de métaux précieux.

Il se crée ainsi une rareté du numéraire, soit par son absorption plus grande pour solder les transactions intérieures, soit par son exportation.

D'ailleurs, aux causes de fréquence des crises commerciales et industrielles, il faut, pour les crises monétaires récentes, en ajouter une autre d'une grande puissance, la production des métaux précieux dans une proportion inattendue depuis 1851 et l'accroissement rapide de la production agricole dans de vastes pays qui, en dernier lieu, ont demandé à l'Europe en payement de leurs denrées des sommes considérables de métaux précieux.

En supposant que la production annuelle de l'or balance les besoins nouveaux, les arrivages ne coïncident pas toujours avec les demandes; si les besoins se produisent dans une proportion considérable à un moment précisément où les arrivages font défaut, force est de retirer les métaux précieux des caisses des Banques, et de causer ainsi une perturbation d'autant plus fâcheuse qu'elle est inattendue pour la plupart de ceux qui ont à en souffrir.

COURS FORCÉ DES BILLETS DE LA BANQUE DE FRANCE.

1848. — 1849. — 1850.

Nous avons vu que, le plus souvent, les crises commerciales et monétaires sont produites par l'excès d'une activité qui, fructueuse en elle-même, devient nuisible par son développement immodéré. Il en résulte que l'industriel, le commerçant, le travailleur en général, surpris, au milieu d'une prospérité croissante, par une gêne dont il ne voit pas la cause, est naturellement disposé à s'irriter de restrictions qui, destinées à guérir le malaise, semblent momentanément l'aggraver. Il ne manque jamais de diriger son mécontentement contre la Banque centrale, qui ne fait cependant que défendre l'intérêt public, en cherchant à conserver aux porteurs de ses billets le numéraire nécessaire pour les rembourser.

On demande alors avec violence que la Banque mette fin à tous les maux par un remède si facile à appliquer : l'augmentation de la somme de ses billets en circulation ; et si quelqu'un objecte que l'expédient, loin de guérir le mal, ne fait que l'aggraver en compromettant la circulation fiduciaire, on ne paraît pas très-effrayé de la conséquence possible du discrédit.

Les partisans avoués ou honteux du cours forcé des billets de banque se sont plus d'une fois prévalus, en faveur de leur dangereuse théorie, de ce qui s'est passé en 1848. Il peut donc être utile d'exposer et d'analyser les faits qui se sont produits à cette époque.

A la suite d'une période de grande prospérité, la mauvaise récolte de 1846 avait amené une crise commerciale et monétaire, dont on commençait à se remettre, quand éclata la révolution de février 1848. Le crédit de la Banque fut en un instant anéanti; chacun courut échanger ses billets contre du numéraire; la suspension des paiements en espèces devint une nécessité.

Pour bien apprécier les résultats de cette mesure, il importe de se rendre un compte exact de la situation du pays pendant les deux années et demie qui ont suivi et pendant lesquelles le cours forcé a été maintenu.

Dès le premier moment, toutes les affaires s'étaient arrêtées, et en même temps que les fonds de roulement devenaient successivement disponibles, la diminution des importations, l'accroissement des exportations, résultat de la baisse des prix, faisaient rentrer des quantités considérables de métaux précieux.

Cependant la situation politique ne s'améliorait pas. Dans tout le pays, l'inquiétude allait jusqu'à la crainte de voir la propriété attaquée. Bien des gens en vinrent à penser que le numéraire serait plus en sûreté dans les caves de la Banque que dans leur propre caisse; qu'en tout cas, la Banque fût-elle pillée, un billet ou un carnet de compte courant seraient plus tard des titres, tandis que, spolié chez soi, on n'en aurait aucun à produire; et, dans cette pensée, on échangeait du numéraire contre des billets, plus faciles à cacher, ou bien on le versait en compte courant à la Banque [1].

Ainsi, par une exception singulière, c'est à l'inquiétude politique qu'il faut attribuer, en premier lieu, la rentrée des espèces à la Banque.

Cet accroissement de la réserve métallique contribua, à son tour, à rassurer sur la situation de la Banque, et la confiance appela la confiance.

Le tableau suivant de la situation de la Banque au 18 mai 1848, puis de trois en trois mois pendant plus de deux ans, confirme ce que nous avançons.

1. Il ne faut pas oublier que la circulation monétaire ne se composait alors que de pièces de 5 francs en argent, difficiles à transporter, difficiles à cacher. Aujourd'hui, avec l'or pour monnaie, il est possible, probable même, que les versements à la Banque contre billets seraient moins considérables.

En 1848, on a payé pendant quelques jours pour les pièces de 20 francs une prime de 8 p. 100, qui s'est maintenue entre 2 et 3 p. 100 jusqu'après les journées de juin.

BANQUE DE FRANCE.

DATES.	CIRCULATION.	COMPTES COURANTS, TRÉSOR, ETC.	TOTAL.	ENCAISSE.	PORTE-FEUILLE.	AVANCES.	TOTAL.
1848. Mai 18.	291	91	382	89	219	17	325
— Juin 30.	371	116	487	152	256	46	454
— Septembre 30.	378	151	529	230	191	49	470
— Décembre 31.	409	145	554	258	165	51	474
1849. Mars 31.	432	168	600	333	137	48	518
— Juin 30.	395	173	568	342	123	32	497
— Septembre 30.	420	205	625	406	121	29	556
— Décembre 31.	436	203	639	431	115	25	571
1850. Mars 31.	478	192	670	481	105	23	609
— Juin 30.	491	168	659	463	103	23	589
— Septembre 30.	492	172	664	454	123	24	601

NOTA. — Dans le tableau ci-dessus les nombres représentent des millions de francs.

C'est en août 1850 que la Banque reprend légalement ses payements en espèces, et sa situation reste encore plusieurs mois sans changement.

La confiance renaît en 1852, et avec elle l'activité; mais il faudra longtemps pour absorber les capitaux accumulés depuis trois ans, et cela est si vrai que le 3 mars, la Banque, n'ayant encore trouvé emploi que de 125,000,000 de francs, par ses avances et ses escomptes, et disposant de 817,000,000 de francs par ses billets en circulation et les dépôts en compte courant, abaisse l'escompte de 4 à 3 p. 100, et ne le relève à 4 p. 100 que le 7 octobre 1853, quand, avec 930,000,000 de francs de billets en circulation et de dépôts, ses avances sont montées à 522,000,000 de francs.

Ainsi nous avons, en 1848, le spectacle d'une suspension des payements en espèces, avec cours forcé de la monnaie de papier, amenée par une panique, à la suite d'une révolution, et devenant inutile presque au lendemain du jour où elle a été décrétée.

C'est que la situation de la Banque elle-même offrait toute sécurité, que toutes les affaires du pays étaient en liquidation, et que les bas prix, résultat de l'inquiétude politique, éloignant les vendeurs, attirant les acheteurs, faisaient rentrer les métaux précieux, dans le pays d'abord, puis ensuite à la Banque, où on les croyait plus en sûreté que chez soi.

Qu'on le remarque bien, tandis que la circulation des billets croissait avec la somme du numéraire en caisse, le chiffre des effets escomptés diminuait de la même manière ; on arrivait enfin à cette situation étrange, que le numéraire en caisse dépassait le montant des billets en circulation, et que le portefeuille atteignait seulement aux deux tiers des dépôts en comptes courants.

Les documents publiées par la direction des douanes viennent à l'appui de nos observations. En prenant les valeurs officielles, ce qui suffit pour notre démonstration, nous trouvons les résultats suivants à l'importation et à l'exportation :

	IMPORTATIONS.	EXPORTATIONS.	LES EXPORTATIONS dépassent les Importations.	LES IMPORTATIONS dépassent les Exportations.
	Fr.	Fr.	Fr.	Fr.
1846...	1,256,000,000	1,180,000,000	»	76,000,000
1847...	1,182,000,000	1,153,000,000	»	29,000,000
1848...	862,000,000	1,128,000,000	266,000,000	»
1849...	1,142,000,000	1,422,000,000	280,000,000	»
1850...	1,174,000,000	1,531,000,000	357,000,000	»

Ces données peuvent être modifiées par l'entrée ou la sortie des valeurs mobilières, fonds publics, actions, etc. Pendant cette période, cependant, l'influence de cette cause paraît avoir été faible, car le mouvement des métaux précieux vient pendant deux ans balancer la différence des échanges constatée par la direction des douanes.

Compensation faite des importations et des exportations, le mouvement des métaux précieux se résume comme suit :

IMPORTATION.

1848.	251,000,000
1849.	254,000,000
1850.	94,000,000

Oui, certes, quand la situation commerciale et financière est telle, que le pays reçoit de toutes parts les métaux précieux en payement de la différence entre ses ventes et ses achats au dehors, le cours forcé des billets de Banque perd une partie de sa funeste influence, tout en altérant profondément la confiance au dedans et au dehors.

Quand un pays, dans l'impossibilité d'obtenir les ressources qui lui sont indispensables, soit par l'emprunt, soit par l'impôt, est amené à subir le cours forcé des billets par une révolution intérieure, par les efforts qu'il doit faire pour sauver sa liberté, son honneur, ou pour défendre des principes dont il croit le maintien inséparable du bien public, comme la France après 1789, comme l'Angleterre dans sa lutte avec la France, il faut courber la tête sous l'empire de la nécessité et se résigner à ce moyen extrême.

Mais si la mauvaise situation naît de l'exagération des travaux ou de la spéculation, du besoin de métaux précieux pour solder au dehors des achats exagérés, bien coupables seraient ceux qui, au lieu d'arrêter le mal par un remède sûr, en causant même une souffrance passagère, ne chercheraient qu'à dissimuler la position, dans l'espérance, presque toujours trompée, qu'en éloignant la difficulté on la surmontera.

Le temps perdu ne peut être réparé; le mal s'aggrave pendant qu'on emploie des moyens dilatoires.

Si l'opinion publique égarée pèse sur la Banque et l'empêche d'agir aussi vite et aussi énergiquement que le demande la sûreté des porteurs de ses billets, son crédit, et avec le sien, le crédit public, est compromis. Pour le rétablir, il faut plus de temps, plus de sacrifices cent fois qu'il n'en aurait fallu pour le maintenir intact.

Il y a loin de la situation qui a suivi la révolution de 1848 à celle dans laquelle le non-remboursement en espèces de la monnaie de papier et le cours forcé sont nécessités par l'impossibilité de se procurer les métaux précieux. Quand on est tombé dans cette funeste position, il n'y a que deux moyens d'en sortir : l'un est de s'imposer les plus durs sacrifices pour se mettre en mesure de remplir de nouveau ses engagements et reconquérir ainsi la confiance; c'est ce qu'a fait l'Angleterre de 1815 à

1820; ou bien de mettre à néant tous les contrats, de bouleverser toutes les fortunes, de détruire pour bien longtemps, par une honteuse faillite, le crédit si nécessaire à la prospérité du pays, comme nous en avons eu les tristes exemples en France à la chute du système de Law et à la répudiation complète de la dette contractée par l'émission des assignats.

La différence est grande entre les faits dont nous avons été témoins de 1848 à 1850, et ce qui se passe sous nos yeux aux États-Unis, en Russie, en Autriche.

Aux États-Unis, la guerre civile alimentée par la monnaie de papier absorbe en deux ans et demi près de 6 milliards de francs, l'avenir est chargé d'une lourde dette, et la dépréciation du papier de l'État vient spolier tous les créanciers au dedans comme au dehors, au profit de leurs débiteurs américains.

En Russie, en Autriche, malgré les plus énergiques efforts des deux gouvernements, les dépenses que nécessite la guerre ou la crainte de la guerre amènent une nouvelle suspension des payements en numéraire ou empêchent la cessation du cours forcé des billets.

Du jour au lendemain, tous les créanciers de la Russie à l'étranger perdent 10 p. 100 par la baisse du change.

Dans les trois pays, les achats que les gouvernements sont forcés de faire au dehors sont grevés de la prime que l'or obtient chez eux.

Cette prime varie sans cesse et jette le trouble dans toutes les transactions.

Et si les causes qui ont amené un pareil état de choses acquièrent plus d'énergie ou continuent seulement à agir avec la même force, on arrive nécessairement à une détresse dont on n'ose envisager la perspective. Si l'on n'est pas entraîné jusqu'à la faillite, quand on veut, dans des circonstances plus favorables, reprendre les payements en espèces, quels efforts, quels sacrifices il en coûte !

A ceux qui s'étonnent de la prospérité des États-Unis, en face des dépenses colossales de la guerre et de l'énorme développement de la dette fondée et de la dette flottante, en face d'une prime de 50 à 55 p. 100 sur l'or, à ceux-là il faut rappeler la prospérité apparente de l'Angleterre pendant les guerres de la Révolution française et de l'Empire, les bénéfices supposés de son commerce et de son industrie; puis il faut mettre sous leurs yeux les désastres commerciaux qui ont désolé le pays tout entier pendant de longues années, quand il a fallu revenir au payement en numéraire des billets de Banque; ils apprécieront alors ce que vaut la richesse factice que produit la multiplication illimitée d'une monnaie de papier inconvertible, et ils s'inquiéteront de ce qui peut arriver aux États-Unis quand il faudra reprendre les payements en espèces.

Tout paraît profit quand les prix montant à mesure que l'émission des billets augmente, chacun se croit plus riche du bénéfice qu'il peut réaliser par la vente des valeurs qu'il possède, sans songer qu'il aura à payer plus cher encore le lendemain tout ce qu'il voudra acheter à son tour.

Tout est perte quand, pour sortir de cette position et revenir à la convertibilité de la monnaie de papier, il faut restreindre la circulation, amener une rareté croissante de la monnaie par la rentrée des billets de la Banque, au moyen de la diminution des escomptes et des avances, et déterminer ainsi la baisse continue des prix jusqu'à un point où les produits du pays puissent, par leur bon marché, aller payer l'or dont on a besoin [1].

La suspension du paiement des billets en numéraire a spolié les créanciers au profit des débiteurs; par la reprise de ce payement, les débiteurs qui ont emprunté pendant la durée du cours forcé, sont lésés à leur tour et voient leur créance augmentée de la plus-value de la monnaie; le gouvernement est le premier à subir cette perte sur le payement de l'intérêt et de l'amortissement des emprunts contractés pendant ce temps. Tels sont les effets de la suspension du remboursement en numéraire de la monnaie fiduciaire, tels sont les résultats du véritable « cours forcé. »

1. Voir Appendice n° 6.

Avant de terminer ces remarques, notons qu'en 1848 l'anomalie apparente n'est pas moindre, quoique plus facile à saisir, dans l'effet produit sur le taux de l'intérêt. Pour les rares signatures commerciales qui inspirent encore toute confiance le taux de l'escompte est plutôt à 2 qu'à 3 p. 100. En dehors de cette exception, le crédit manque absolument ; le taux de l'intérêt à la Banque est 4 p. 100, et il ne se présente pas à l'escompte d'effets nouveaux pour remplacer ceux qui viennent à échéance.

Nous avons démontré, nous l'espérons, la nécessité de l'unité de la monnaie de papier, celle de la hausse de l'intérêt pour empêcher le numéraire de sortir des caisses de la Banque, la convenance de l'emploi en fonds publics d'une partie importante du capital provenant de l'émission des billets de Banque.

Nous allons maintenant examiner la constitution des institutions de crédit qui, dans les grands centres industriels du monde, émettent la monnaie de papier.

BANQUE DE FRANCE.

La Banque de France, constituée en 1800, est régie maintenant par la loi de 1857, qui assure son existence jusqu'en 1897.

Elle a le droit d'émettre des billets payables au

porteur, à présentation, sans intérêts, et dont la moindre coupure est de cinquante francs.

Elle escompte des effets de commerce, sur Paris et sur les villes où elle a des comptoirs, à l'échéance de trois mois au plus, et garantis soit par trois signatures, soit par deux signatures et un dépôt de rentes ou actions de la Banque.

Par exception aux lois contre l'usure, elle peut élever sans limite le taux de l'intérêt de l'escompte des effets de commerce et celui de ses avances sur valeurs mobilières.

Elle reçoit des fonds en comptes courants, paye les dispositions faites sur elle, jusqu'à concurrence des sommes qui lui sont versées, et se charge pour ses clients du recouvrement des effets de commerce.

Elle tient une caisse de dépôts pour tous titres, lingots, etc.

Elle fait des avances sur fonds publics français, actions et obligations des compagnies de chemins de fer français, obligations de la ville de Paris et du Crédit foncier.

Elle peut faire le commerce des métaux précieux.

Le gouvernement peut l'autoriser à créer des succursales dans les villes où elle le demande : après 1867, il aura le droit de l'obliger à en créer dans tous les départements où il n'en existerait pas encore.

Les opérations des succursales sont les mêmes que celles de la Banque de France ; le taux de l'intérêt y est le même. La Banque délivre des mandats sur ses comptoirs et réciproquement ; les comptoirs opèrent de même entre eux.

Les effets sur Paris et sur toutes les villes où existent des comptoirs sont admis à l'escompte à Paris et dans tous les comptoirs.

La Banque est administrée par un conseil de régence composé :

1° D'un gouverneur et de deux sous-gouverneurs, nommés par l'Empereur, ayant voix délibérative et chargés de la direction de toutes les affaires de la Banque ;

2° De quinze régents ayant voix délibérative, dont trois doivent être choisis parmi les receveurs généraux des finances, et de trois censeurs, tous nommés par l'assemblée composée des deux cents plus forts actionnaires de la Banque.

Un conseil d'escompte, choisi sur la présentation du conseil de régence, est nommé par les censeurs, parmi les hommes les plus honorables dans les différentes branches de l'industrie et du commerce.

Les directeurs de comptoirs sont nommés par l'Empereur ; les administrateurs sont choisis parmi les notables industriels et commerçants de la localité par le gouvernement de la Banque.

La Banque est tenue de publier sa situation tous les trois mois ; en fait, elle la publie tous les mois, et il ne dépend pas d'elle que cette publication ne soit hebdomadaire, ce qui aurait un très-grand avantage pour le public et pour elle.

L'État, sur les bénéfices de la Banque, prélève un droit de timbre sur ses billets, qui s'élève à près de 500,000 francs. La somme des fonds déposés par le gouvernement à la Banque est en général de 60 à 80,000,000 francs; mais comme elle est tenue de prêter et prête au Trésor 60,000,000 francs sur lesquels, jusqu'à concurrence de la somme déposée en compte courant, elle ne touche pas d'intérêt, elle ne retire aucun bénéfice de ce dépôt.

Le législateur, en déléguant à la Banque de France le droit d'émettre la monnaie de papier, a cru trouver une garantie suffisante en faveur des porteurs de ses billets dans la nomination, par le chef de l'État, du gouverneur et des sous-gouverneurs, et dans la présence de trois receveurs généraux parmi les quinze régents.

« L'autorité du conseil [1] » est par là très-grande en effet. Et, dans cette combinaison, c'est l'excès, non l'absence d'influence gouvernementale, qui est à craindre dans la direction des affaires de la Banque de France.

La loi se contente de ce moyen d'influence et de surveillance, et par suite ne fixe aucune proportion entre la somme des billets en circulation et celle du

1. Expression du commissaire du gouvernement, dans la discussion de la loi de 1857, citée dans la première brochure, p. 105.

numéraire qui doit être tenu en réserve pour assurer le remboursement des billets.

Une combinaison qui poserait des règles absolues pour le maniement de la monnaie de papier, et permettrait de diminuer l'influence gouvernementale dans la direction des opérations de banque, serait certainement bien préférable dans l'intérêt de la Banque, dans celui du commerce et surtout dans l'intérêt public.

BANQUE D'ANGLETERRE.

Le privilége de la Banque d'Angleterre n'a pas de durée déterminée : le gouvernement peut le faire cesser à toute époque, un an après mise en demeure, en remboursant les 275,000,000 de francs qu'il doit à la Banque.

Cette faculté de retrait du privilége est justifiée par le fait que le gouvernement, n'intervenant en rien dans la direction de la Banque, a besoin d'un moyen puissant d'action sur elle, en faveur du public.

La Banque n'a pas, quant à présent, d'une manière absolue, le privilége exclusif de l'émission de la monnaie de papier : ce droit a été maintenu aux particuliers et aux sociétés qui en jouissaient en 1844 ; mais un maximum est fixé à leurs émissions, et aucune nouvelle concession de ce droit ne peut être faite. Et surtout le billet de la Banque d'Angleterre a seul, par la loi, le caractère de monnaie légale en Angleterre et dans le pays de Galles : on est tenu partout de le recevoir en payement ; on ne peut en exiger le remboursement en numéraire que dans le lieu où il a été émis, c'est-à-dire à la Banque centrale à Londres ou à l'un de ses comptoirs.

Le gouverneur et le sous-gouverneur sont pris dans le conseil de direction, dont les membres sont élus par l'assemblée des actionnaires.

La loi stipule la séparation absolue de la Banque en deux départements complétement distincts, dont l'un est chargé uniquement de tout ce qui se rattache à la monnaie de papier, à son émission, à son remboursement, et dont l'autre s'occupe des opérations de banque.

Nous voyons par les comptes de la branche d'émission que le montant ordinaire des billets en circulation est de 700,000,000 de francs à peu près ; mais 200,000,000 de francs environ sont en général aux mains de la Banque elle-même, comme réserve pour ses opérations de crédit. De ce capital de 700,000,000 de francs, 275,000,000 de francs sont prêtés à l'État, et la Banque est autorisée à employer 75,000,000 de francs en rentes ou billets de l'Échiquier, soit ensemble 350,000,000 de francs ; le surplus doit toujours être conservé en numéraire, ou en métaux précieux dans les coffres de la Banque. Et en effet le département de l'émission a en caisse 350.000.000 de francs en métaux précieux; cette somme est la différence entre la somme des billets en circulation et celle prêtée à l'État ou employée en valeurs dont il est débiteur.

La Banque est tenue de délivrer à toute demande ses billets en échange de lingots d'or, au prix de la monnaie.

Si l'une des personnes ou des compagnies actuellement autorisées à émettre des billets perd ce droit, ou y renonce dans certains cas que la loi prévoit, la Banque peut émettre une somme de ses propres billets égale à celle des billets qui sont ainsi retirés de la circulation, et peut être autorisée à augmenter ses placements en fonds publics jusqu'à concurrence des deux tiers de cette somme; le bénéfice net provenant de cette nouvelle émission revient à l'État.

La Banque est tenue de publier, chaque semaine, la situation de chacune de ses deux branches.

La seconde branche de la Banque, dirigée par le même conseil de directeurs, mais avec des employés différents, avec une comptabilité distincte, fait à Londres et dans toutes les villes où elle a un comptoir les opérations ordinaires de crédit, sans aucun privilége, comme sans aucun contrôle du gouvernement.

Les lois contre l'usure n'existant plus en Angleterre, la Banque fixe à volonté le taux d'intérêt de ses prêts.

Elle fait, de son capital et des capitaux qu'elle reçoit en comptes courants, l'emploi qui lui convient; elle escompte du papier de commerce, achète des billets de l'Échiquier et des fonds publics, et les revend quand elle le croit utile.

Elle est chargée de la plupart des opérations de trésorerie de l'État.

C'est à elle que sont confiés, moyennant une large rémunération, et au grand avantage du public, les transferts des fonds publics et le paiement des dividendes.

Elle paie à l'État, sur les bénéfices à retirer de la monnaie de papier, une somme fixe de 4.500,000 de francs qui comprend le droit de timbre sur ses billets ; par contre, elle a en général en dépôt de 200,000,000 à 300,000,000 de francs appartenant à l'État qu'elle emploie à son profit.

La loi de 1844, qui régit la Banque d'Angleterre, a été et est encore attaquée, au point de vue surtout de la fixation absolue de la somme au delà de laquelle chaque émission de billets nécessite la mise en réserve d'une somme égale de numéraire. Mais on peut dire qu'il y a parmi tous les hommes éminents de l'Angleterre unanimité pour appuyer l'unité de la monnaie de papier, et le recours en temps utile à l'élévation du taux de l'intérêt, quand la sortie du numéraire en révèle la nécessité.

La loi de 1844 va d'ailleurs plus loin qu'on ne le pense généralement.

Elle ne se contente pas de proclamer le principe de l'unité des billets de banque, elle assure l'application complète de ce principe dans un délai qui peut être assez court.

En effet, si elle maintient le droit d'émission aux établissements qui le possèdent, elle le restreint dans les limites de la circulation actuelle et en interdit la concession à tout nouvel établissement.

Mais elle fait bien plus ; elle conserve pour l'Angleterre et le pays de Galles aux seuls billets de la Banque d'Angleterre le caractère de monnaie légale (*legal tender*) que leur a donné la loi de 1833.

Cette disposition établit de fait un privilége exclusif ; elle rend inévitable la disparition des billets de toutes les autres Banques dans un délai plus ou moins long.

Ces Banques elles-mêmes s'empressent en effet de constituer leur réserve, non plus en numéraire, mais en billets de la Banque d'Angleterre, que chacun est tenu d'accepter en payement.

Elles ne peuvent à leur tour refuser, de leurs clients, le versement à leur crédit de billets de la Banque d'Angleterre, qui leur arrivent par leurs relations hors de la ville où ils résident.

Les billets de la Banque d'Angleterre s'infiltrent ainsi, de jour en jour, dans toutes les parties du pays, au lieu et place des billets des Banques privées, même dans les villes où existent ces Banques.

Chaque diminution de leur circulation, par l'invasion des billets de la Banque d'Angleterre auxquels on s'habitue de plus en plus, contribue à amener une diminution plus importante, jusqu'à ce que le bénéfice à retirer de l'émission devienne trop faible pour compenser les risques et la responsabilité qu'elle fait courir. Il devient du moins préférable d'accepter de la Banque d'Angleterre, pour émettre ses billets, une indemnité annuelle de 1 p. 100 sur le montant de l'émission autorisée par la loi de 1844.

Cette diminution graduelle de la circulation des billets des Banques locales amène successivement la liquidation d'un certain nombre de ces établissements.

Ce sont les désastres amenés par la pluralité des Banques d'émission qui ont motivé leur suppression en principe; le Parlement s'est justement ému d'un état de choses tel, qu'en quatre ans (1840 à 1843) 29 Banques d'émission, réduites à faire faillite, étaient venues jeter le trouble dans les affaires, et porter la souffrance au sein des classes ouvrières.

Les 203 Banques particulières, les 72 Banques par actions, auxquelles le droit d'émission a été conservé en 1844, n'étaient pas toutes en voie de prospérité à cette époque; un certain nombre pouvaient avoir perdu, non-seulement leur capital, mais même une partie de celui dû aux porteurs de leurs billets.

Quand le remboursement successif des billets, dont la place est remplie par les billets de la Banque d'Angleterre, a absorbé ce qui restait du capital provenant de l'émission, le jour arrive où, les ressources étant épuisées, la faillite devient inévitable.

Ces deux causes n'ont pas cessé d'agir depuis 1844.

L'émission des billets autres que ceux de la Banque d'Angleterre, maintenue en 1844, s'élevait pour

203 Banques particulières à. . .	129,000,000 fr.
72 Banques par actions à. . . .	87,000,000 »
	216,000,000 fr.

En 1863 cette circulation se réduisait à

75,000,000 fr.	pour les Banques particulières,
70,000,000 »	pour les Banques par actions.
soit 145,000,000 fr.	ensemble.

Cette diminution totale de 71,000,000 de francs se décompose comme suit :

La circulation des Banques encore existantes a été réduite de 43,000,000 de francs par l'invasion des billets de la Banque d'Angleterre.

61 Banques particulières et 11 Banques par actions, en tout 72, ont perdu leur droit d'émission, montant à 28,000,000 de francs [1].

Sur ces 72 établissements, 10 ont renoncé à leur

1. Voir Appendice n° 14.

droit en faveur de la Banque d'Angleterre, 7 se sont réunis à d'autres compagnies, 15 ont été dissous, pour 21 les motifs ne sont pas mentionnés, 19 ont été mis en faillite avec un passif considérable, dans lequel les billets de Banque figurent pour près de 9,000,000 de francs.

On arrive donc, peu à peu, à un double résultat assez singulier : la disparition possible, à un terme assez prochain, des billets des banques locales auxquelles on croyait la perpétuité assurée [1], et la durée probable, pendant de longues années, du privilége de la Banque d'Angleterre, qui n'a jamais qu'un an d'existence légale.

Le caractère de monnaie légale des billets de la Banque d'Angleterre cesse en Irlande et en Écosse.

La circulation des 6 Banques d'Irlande limitée

en 1845 à..	160,000,000 fr.
est tombée à.	145,000,000 »

Pour les 14 Banques d'Écosse, au contraire, la

limitation légale [2] est de.	70,000,000 fr.
la circulation réelle est de . . .	114,000,000 »
la différence, soit.	44,000,000 »

1. Deuxième brochure, p. 87.

2. La loi du 21 juillet 1845 stipule qu'au delà de 70,000,000 de francs, chaque billet émis doit être représenté par une somme égale de numéraire en caisse. On voit que ce n'est pas au moyen des billets de banque que le crédit reçoit un si grand développement en Écosse.

est représentée par du numéraire, suivant les prescriptions de la loi.

La faillite récente de deux Banques importantes a réduit de 8,400,000 francs la circulation autorisée par la loi de 1845. Un projet de loi va être proposé pour répartir cette somme entre les 14 Banques qui restent debout. C'est encore un moyen d'arriver à l'unité, mais il est douloureux, et la substitution immédiate des billets de la Banque centrale, avec juste indemnité, semblerait préférable pour le public et pour les parties intéressées, en Angleterre comme en Écosse.

ÉMISSION DE LA MONNAIE DE PAPIER DANS L'INDE ANGLAISE.

L'Inde, rentrée, par la suppression de la Compagnie des Indes, sous la direction immédiate du gouvernement anglais, prend largement sa part des merveilleux progrès qui se réalisent dans le monde entier. Des chemins de fer la traverseront bientôt dans toutes les directions, portant la richesse avec eux. Le travail s'y développe partout.

La pièce d'argent étant la seule monnaie légale de l'Inde, le besoin d'un moyen d'échange plus en rapport avec la multiplicité et l'importance des transactions se faisait depuis longtemps sentir.

Le gouvernement local, sur la recommandation de sir Charles Wood, secrétaire d'État de l'Inde dans le ministère anglais, a soigneusement recherché quel était, dans la situation actuelle du pays, le meilleur système à suivre pour la création de la monnaie de papier.

En 1859, M. James Wilson, l'éminent économiste, créateur du journal l'*Économist*, devenu l'un des hauts fonctionnaires du gouvernement local de l'Inde, et, en 1860, après sa mort, M. Laing, aujourd'hui directeur d'une des grandes compagnies de crédit à Londres, soumettaient aux conseils de l'Inde des propositions précédées de lumineux rapports, où la question se trouvait examinée sous tous les points de vue.

Les dangers de l'émission de la monnaie de papier par le gouvernement y sont signalés avec force; mais l'ébranlement du crédit, au lendemain de la sanglante révolte des troupes indiennes, fit penser que, provisoirement au moins, le gouvernement seul pouvait inspirer assez de confiance pour faire accepter la monnaie de papier dans tout le pays, en se chargeant lui-même de l'émettre.

Un « Act » du gouvernement de l'Inde, approuvé par le gouvernement de la métropole, a réglé, en 1862, tout ce qui se rattache à l'émission et au remboursement des billets à vue.

Le gouvernement conserve dans ses mains l'exercice du droit régalien de créer la monnaie de papier.

Des fonctionnaires spéciaux, sous un contrôle indépendant et sérieux, émettent les billets au porteur et à vue, et les remboursent.

Le directeur de la monnaie, fonction entièrement gouvernementale, a une part importante à tout ce qui se rattache à la monnaie de papier.

Le bénéfice de l'émission appartient à l'État.

La portion du capital obtenu par cette émission, qui pourra être employée en fonds publics de l'Inde, et celle qui devra rester en numéraire dans les caisses de l'État, avec affectation spéciale au remboursement des billets, seront déterminées plus tard. En attendant qu'une expérience assez longue ait fourni les éléments de cette décision, le gouvernement prescrit à ses agents la plus grande prudence. La quantité de numéraire à conserver disponible dans les caisses de l'Institution devra, provisoirement, être très-forte. En aucun temps, jusqu'à ce que la loi ait été modifiée, quelle que soit la somme de billets en circulation, les placements en fonds publics ne devront dépasser 100,000,000 de francs. Si l'émission s'élève au-dessus de ce chiffre, l'excédant sera conservé en argent.

Les banques qui avaient le droit d'émission doivent y renoncer.

Les opérations de banque restent entièrement étrangères à l'Institution gouvernementale.

L'État ne prend en ses mains que le maniement de la monnaie de papier.

L'expérience dira la valeur de cette combinaison.

Un essai de cette nature ne peut être décisif que si des événements graves sont venus créer pour le gouvernement une tentation très-forte d'abuser du pouvoir dont il dispose, et si le contrôle créé par la loi a suffi à l'en empêcher. Si, par exemple, les dépenses publiques, productives ou non, ont été poussées à l'excès, les hommes placés à la tête du gouvernement auront-ils le courage de s'infliger, en quelque sorte, un blâme à eux-mêmes? Seront-ils les premiers à conseiller la vente partielle des fonds achetés du produit des billets en circulation, seul moyen qu'ils posséderont d'agir sur le taux de l'intérêt et de rétablir le cours des changes?

S'ils ont le courage de le faire, ou si la loi en fait une obligation telle qu'on ne puisse s'y soustraire, est-il bon que le mécontentement des spéculateurs et des négociants trop engagés, qui verront leur situation aggravée par cette mesure, retombe directement sur le gouvernement?

Pour rendre moins probable cette nécessité d'intervention, le gouvernement pourra, il est vrai, conserver en numéraire, non plus 33, mais 66 p. 100, plus encore peut-être, du montant des billets en émission.

Même dans cette supposition, en même temps que le pays sera privé d'une partie du bénéfice que pourrait lui procurer la monnaie de papier, n'est-il pas à craindre que les causes qui produisent les besoins de métaux précieux, n'étant plus surveillées et combattues par les Banques, désormais désintéressées dans la question du remboursement du billet, et par suite agissant plus longtemps, les crises ne soient plus violentes et plus longues?

En attendant que les faits prononcent, la loi a reçu son application. Les Banques de Calcutta, de Bombay et de Madras, qui étaient autorisées à émettre, les deux premières, 50 millions de francs chacune, et la troisième, 26 millions, et dont les émissions étaient, en 1861 :

Pour	Calcutta.	50,000,000	fr.
—	Bombay.	27,000,000	»
—	Madras	7,000,000	»

ont perdu ce droit par un convention avec l'État.

Au 31 août 1863, le gouvernement de l'Inde avait en circulation à peu près 129,000,000 de francs de billets de banque (promissory notes); les réserves, en numéraire ou en barres d'argent, s'élevaient à 106,000,000 de francs; les placements en fonds publics ne dépassaient pas 23,000,000 de francs.

Il est impossible de tirer aucune conséquence de cette situation, après une expérience qui n'est que de quelques mois, et qui, pour être un guide sûr, doit compter des années.

Le fait actuel, c'est que, sur le capital obtenu par l'émission des billets, la portion conservée en numéraire est, dans l'Inde, de 82 p. 100.

Cette proportion pourra certainement être réduite, à mesure que les populations indiennes s'habitueront à la monnaie de papier; mais, nous le répétons, l'expérience prouvera peut-être que cette proportion doit toujours rester au-dessus de ce qui suffit lorsque l'émission est aux mains d'institutions indépendantes, qui se livrent en même temps aux opérations de banque.

La nouveauté d'une monnaie de papier gouvernementale n'est pas la seule cause qui rende un assez long délai nécessaire pour apprécier les effets réels du système.

La production agricole dans l'Inde se développe avec une rapidité prodigieuse; la guerre civile aux États-Unis est venue donner un nouvel élan à cette augmentation du travail par l'impulsion donnée à la culture du coton; c'est par centaines de millions de francs que l'argent se répand dans l'Inde, pour payer ces produits nouveaux.

S'il s'agissait d'un pays européen, le résultat serait indiqué à l'avance par l'expérience; l'importation des métaux précieux et l'augmentation de la monnaie de papier viendraient donner satisfaction aux besoins nouveaux de monnaie, créés par le développement du travail et des transactions; puis, si les métaux précieux continuaient à affluer, leur valeur se déprécierait, le niveau des prix s'élèverait, l'importation de marchandises deviendrait plus facile, l'exportation serait entravée.

Dans l'Inde tout est nouveau, tout du moins est inconnu ; le numéraire importé va se répartir entre des milliers de cultivateurs et d'ouvriers agricoles qui l'enfouissent, le portent sur eux ou en entourent les bras et le col de leurs femmes et de leurs filles.

Aussi voit-on se produire en ce moment des faits en apparence impossibles à concilier : une énorme importation de métaux précieux et une crise monétaire violente par suite de l'insuffisance de la monnaie pour les transactions. La monnaie métallique est enfouie ou enlevée à la circulation, la monnaie de papier n'est pas encore entrée dans les habitudes du pays.

Et en même temps l'augmentation des prix de toutes les choses nécessaires à la vie est arrivée à un point tel qu'il y a eu, en 1863, nécessité absolue pour le gouvernement local d'augmenter, dans une assez forte proportion, les traitements de tous les employés inférieurs.

Il y a là un nouvel et bien remarquable exemple de l'imprévu et de l'importance des faits économiques qui viennent à notre époque créer des perturbations tout à fait inattendues.

BANQUE DE SAVOIE.

Passons maintenant à l'examen des statuts de la Banque de Savoie; voyons s'ils contiennent quelques dispositions spéciales qui lui permettent de rendre au public des services pour lesquels la Banque de France est impuissante.

La durée de la société est de trente ans, du 1er février 1851 au 31 janvier 1881; mais elle peut, par le vote des actionnaires, être prorogée sans limites.

Le capital, de 4 millions de francs, peut être augmenté par délibération de l'assemblée des actionnaires, avec la sanction du gouvernement.

Les opérations de la Banque consistent :

A escompter des effets de commerce, revêtus de trois signatures, dont l'échéance ne dépasse pas quatre-vingt-dix jours. Les effets à deux signatures notoirement solvables pourront aussi être admis à l'escompte, pourvu que leur admission soit délibérée à l'unanimité par tous les membres de la commission d'escompte et par les Directeurs [1];

1. On voit que, loin d'être la règle, l'admission des effets à deux signatures est une exception entourée de précautions particulières.

A faire toutes sortes de payements et de recouvrements sur la Savoie, le Piémont et l'étranger;

A faire des avances sur fonds publics, bons du Trésor, obligations des villes de la Savoie, matières d'or et d'argent, sur dépôts de soie tant grége que travaillée en organsin et trame [1];

A recevoir en dépôt tous titres, valeurs ou espèces, avec ou sans intérêt;

A réescompter au besoin le papier de son portefeuille.

Elle est autorisée à émettre des billets de mille, de cinq cents, de deux cent cinquante, de cent, de cinquante livres, et, jusqu'à concurrence de un million de francs seulement, des billets de vingt francs.

Le montant des billets en circulation, cumulé avec le montant des sommes dues par la Banque en comptes courants, et payables à vue, ne pourra dépasser le triple du numéraire existant matériellement en caisse.

L'administration des affaires de la société est confiée à deux directeurs, sous le contrôle du conseil d'administration : ils sont, ainsi que les membres du conseil d'administration, nommés par l'assemblée générale des actionnaires.

Il y a un Conseil d'escompte.

La Banque a établi un comptoir à Chambéry,

1. Cette dernière faculté ne saurait être regardée comme un avantage.

et a le droit d'en créer d'autres dans le royaume d'Italie. Le gouvernement a un commissaire de surveillance près de chaque comptoir et à la Banque centrale, à Annecy.

La situation de la Banque doit être publiée chaque quinzaine.

Le simple rapprochement des lois qui régissent les quatre institutions que nous venons de passer en revue suffit pour faire apprécier la valeur des différences qui existent entre les trois premières et la Banque de Savoie.

Même limitation de la coupure des billets que pour ceux de la Banque de France, excepté pour une somme de 1,000,000 de francs, pour laquelle la coupure de 20 francs est autorisée.

Prescription, relativement à la quotité du numéraire à conserver en caisse, plus rigoureuse que celle imposée à la Banque d'Angleterre, plus rigoureuse encore que celle longtemps consacrée par l'usage pour la Banque de France, et que malheureusement on n'observe plus.

Le taux de l'intérêt pouvait être fixé à volonté, la loi italienne ne reconnaissant pas de limitation à cet égard.

En devenant française, la Banque de Savoie est retombée sous les prescriptions de la loi contre l'usure, mais elle profite, comme tout escompteur, de l'exception stipulée pour la Banque de France.

Nous ne voyons rien dans les statuts de la Banque de Savoie qui soit de nature à donner une impulsion nouvelle à notre industrie et à notre commerce; le projet de loi soumis au sénat italien pour l'organisation de la nouvelle banque d'Italie contient-il des combinaisons plus fécondes?

BANQUE D'ITALIE.

Le 3 août dernier, le ministre de l'agriculture et du commerce, M. Manna, a soumis au sénat un projet de loi constitutif de la Banque d'Italie.

Dans un exposé aussi remarquable par la netteté des idées que par la précision et l'élégance du style, M. Manna a développé les principes qui, dans la pensée du gouvernement, doivent servir à fixer le système d'émission de la monnaie de papier.

« Les institutions de crédit, dit-il, qui ont le pouvoir d'émettre des billets de banque, en mettant le crédit à la disposition de leurs clients par l'escompte des lettres de change, remplacent des titres d'une valeur incertaine et d'une circulation restreinte par un titre universellement accepté, et, comme ce titre est à toute heure convertible en numéraire, il prend la place de la monnaie métallique et rend disponible une partie du capital social, qui était nécessaire au service de la circulation, ou rend inutile l'augmentation de cette monnaie pour faire face aux besoins nouveaux de la circulation. »

Le ministre rappelle ensuite l'extension de l'action de la banque nationale à la Lombardie, à Naples, à Palerme, à Bologne, à Ravenne, à Ancône ; l'absorption par elle des banques de Parme et des quatre légations, la Toscane seule restant en dehors.

Le ministre expose les inconvénients des banques isolées :

« Quelles que soient, dit-il, les différences d'opinion entre les théoriciens, il est incontestable que la banque unique a des avantages immenses, qu'elle en a surtout dans la situation où nous nous trouvons d'être réunis politiquement et économiquement depuis peu d'années, sans qu'il y ait encore, entre toutes les provinces d'Italie, un échange continu de relations commerciales et industrielles. Tous mes prédécesseurs, ajoute-t-il, ont été de cet avis.

« Les bases de la nouvelle organisation de la banque sont la fusion des deux banques de Turin et de Florence, et l'augmentation du capital.

« J'ai trouvé que, dans les prétentions réciproques des deux banques, il y avait quelque chose de vrai : j'ai cherché à les concilier et j'y ai réussi. La Banque d'Italie aura 100,000 actions de 1,000 livres ; 40,000 actions seront attribuées à la banque nationale; 10,000 à la banque de Toscane ; 25,000 réparties entre ces 50,000; 20,000 réservées pour une souscription publique dans les provinces méridionales, le Modenais, les Marches, l'Ombrie ; les 5,000 dernières, mises en réserve. »

Puis le ministre ajoute :

« Une banque qui émet des billets ne doit faire aucune opération dangereuse ; je lui refuse l'autorisation de faire des avances sur soie ou autres marchandises ; il faut les laisser à des institutions de crédit dont les pertes ne puissent pas causer de trouble dans la circulation du pays. »

Les mêmes motifs ont fait interdire l'escompte du papier à deux signatures ; cependant, comme en Toscane la banque avait cette faculté, elle est maintenue pour cinq ans dans cette partie du royaume, et, comme le privilége de la Banque d'Italie ne prend fin qu'avec le siècle et que pendant ce temps la situation peut se modifier, il est statué que, sur la proposition du conseil supérieur et de l'assemblée générale, un décret royal délibéré en Conseil d'État pourra, si les circonstances le justifient, donner à la Banque cette faculté pour tout le pays.

Le ministre explique ensuite les autres dispositions du projet de loi.

Les statuts de la Banque d'Italie sont approuvés.

Aucune autre société ne pourra être autorisée à émettre des billets au porteur que par une loi.

Tout signataire d'un engagement dans les mains de la Banque prend, vis-à-vis d'elle, la qualité de commerçant.

La Banque fera à l'État, sur dépôt de fonds publics, une avance de 40,000,000 de livres à 3 p. 100; elle paye un droit de timbre sur ses billets.

La Banque escompte le papier de commerce et les bons du Trésor.

Elle se charge gratuitement du recouvrement des titres exigibles.

Elle reçoit en comptes courants, avec ou sans intérêts, les sommes qui lui sont versées, et paye, par contre, sans frais, les mandats tirés sur elle.

Elle tient une caisse de dépôts de titres, documents, monnaies d'or et d'argent.

Elle fait des avances sur lingots et monnaies d'or et d'argent, fonds publics et provinciaux ou communaux ; sur actions et obligations d'entreprises industrielles dont l'État a garanti l'intérêt; sur actions des caisses hypothécaires.

La Banque peut entreprendre la fabrication des monnaies de l'État.

L'État peut la charger de faire le service de trésorerie, d'ouvrir des souscriptions d'emprunt et de négocier les bons du Trésor.

La Banque ne peut employer en fonds publics que le cinquième de son capital.

Elle peut émettre des billets au porteur et des mandats à ordre, payables à vue, de 1,000 — 500 — 200 — 100 et 50 livres.

La somme de billets en circulation, de dépôts et de mandats exigibles à vue, ne pourra dépasser le triple du numéraire en caisse. En aucun cas elle ne pourra excéder cinq fois le capital social versé, à moins que l'excédant ne soit représenté en numéraire.

Les effets escomptés à une échéance de trois mois au plus doivent porter trois signatures ; la troisième signature peut être remplacée par le dépôt de certaines valeurs, en garantie.

La Banque est administrée par un gouverneur, deux vice-gouverneurs, nommés par le roi, et un conseil supérieur.

Elle a un siége principal dans la capitale du royaume, un siége légal et des succursales dans chacun des anciens États indépendants.

Dans chaque siége provincial, il y a un directeur nommé par le conseil supérieur et un conseil d'administration nommé par les actionnaires.

Le conseil supérieur se compose du gouverneur et d'un délégué de chaque siége.

Les attributions des succursales sont plus étendues qu'en France, quant aux opérations de crédit.

La Société prend fin au 31 décembre 1899.

Le projet de loi de la Banque d'Italie n'introduit dans le système des Banques d'émission d'autres changements que ceux nécessaires pour concilier, par des transactions, les influences locales, si respectables au moment de la réunion d'anciens États indépendants, qui renoncent à leur existence propre pour constituer l'unité nationale.

Les lois contre l'usure n'existant pas en Italie, la Banque est libre d'élever sans limites le taux de l'intérêt.

La disposition qui oblige la Banque à tenir en numéraire, dans ses caisses, une somme égale à celle dont son passif dépasserait le quintuple de son capital versé, est nouvelle et semble sage.

Elle augmente la garantie des créanciers en proportion de l'importance des dettes. En appliquant cette règle à la situation de la Banque de France au 14 janvier, on trouve, en laissant en dehors le compte du Trésor, que la Banque devait :

Billets à vue.	813,000,000 fr.
— à ordre	4,000,000 »
Récépissés à vue.	3,000,000 »
Comptes courants.	160,000,000 »
	980,000,000 fr.

Le tiers à conserver en numéraire serait de.	326,000,000 fr.
Mais le capital étant de 182,000,000, dont le quintuple est de 910,000,000, il faudrait ajouter, à la réserve en numéraire, toute la différence entre cette somme et celle du passif. .	70,000,000 fr.
	396,000,000 fr.

Ainsi, d'après la loi italienne, la Banque de France aurait dû avoir en numéraire le 14 janvier dernier. . . . . 396,000,000 fr.
Elle n'avait que. . . . . 169,000,000 fr.

La réserve métallique était de 227,000,000 de francs au-dessous de celle que le projet de loi italien l'obligerait à conserver.

Le gouvernement se réserve vis-à-vis de la Banque d'Italie une double faculté qui mérite de fixer l'attention : il peut charger la Banque de la fabrication des monnaies, et de l'émission des bons du Trésor.

Le projet de loi doit être prochainement discuté dans le Sénat.

La commission du Sénat italien vient de se prononcer (21 janvier) par l'organe de son rapporteur, M. Farina.

Le rapport s'exprime ainsi sur la liberté des Banques :

« L'inconvénient d'adopter le système de la liberté des Banques, la nécessité, qui en est la conséquence, de s'en tenir au système d'une Banque unique, avec privilége du gouvernement, et qui reste sous sa surveillance, étant démontrés, il reste à voir quel est le meilleur mode d'exercer cette surveillance. »

Du reste, peu de changements sont proposés au projet du gouvernement.

Un amendement autorise la Banque à acheter

des métaux précieux à l'intérieur et à l'étranger, et pour les payer, à acquérir des effets de commerce sur l'étranger et à ouvrir des comptes courants avec d'autres établissements analogues, nationaux ou étrangers.

Un autre amendement donne aux actionnaires, résidant dans la capitale, la nomination de six membres du Conseil supérieur, et tend ainsi à diminuer l'influence des provinces.

Le rapport propose de rétablir la faculté pour la Banque de faire des avances sur les soies gréges et les organsins.

Enfin, un article spécial statue que l'actif et le passif de la Banque nationale et de la Banque de Toscane sont transportés à la Banque d'Italie.

EXAMEN DES ÉCRITS PUBLIÉS EN FAVEUR DE LA BANQUE DE SAVOIE.

Nous croyons avoir clairement établi les principes suivants :

L'unité de la monnaie de papier est aussi nécessaire que celle de la monnaie métallique.

La monnaie de papier doit être régie par des règles telles, qu'en toute occasion elle fonctionne exactement comme le ferait la monnaie métallique.

Ces règles une fois établies, la quantité de la monnaie de papier en circulation dépend uniquement des besoins du public, et nullement du nombre des agents chargés de l'émettre.

L'État doit déléguer le droit d'émission, qui lui appartient, à une seule institution.

Il est utile que cette institution fasse en même temps les opérations de banque proprement dites.

La hausse du taux de l'intérêt est le moyen qui agit le plus sûrement et le plus rapidement, pour arrêter la sortie du numéraire des caisses de la Banque et ensuite du pays, et pour remédier à la situation qui produit cette sortie de numéraire; situation qui, si elle se prolongeait, compromettrait le crédit de la Banque.

Nous avons donné la preuve que le principe de l'unité de la monnaie de papier et celui de la variabilité du taux d'intérêt de l'escompte sont universellement admis en Angleterre; que la loi anglaise consacre le principe d'une institution unique chargée de l'émission, et que le caractère de *monnaie légale* (*legal tender*) donné au billet de cette institution, à l'exclusion de tout autre, conduit inévitablement à la disparition du papier des autres Banques d'émission.

Nous nous sommes demandé comment, si ces principes sont vrais, il peut y avoir des opinions si opposées, un dissentiment si profond, sur les questions auxquelles ces principes s'appliquent.

Plus nous avons recherché la cause de cette divergence, plus nous nous sommes convaincu qu'elle se trouve surtout dans la confusion que l'on fait entre les divers instruments de crédit, lettres de change, billets à ordre, avances en comptes courants, etc., et le billet de banque, dont le nom même favorise cette erreur.

Et quoique, dans la seconde brochure sur la réorganisation des Banques, on dise « que la question « posée n'est relative qu'à la faculté d'émettre des « billets au porteur et à vue; que l'industrie de la « Banque proprement dite reste ouverte à tous, » on confond de nouveau les deux questions, en prétendant que « l'émission confère aux établissements qui en sont investis des avantages tels que les autres ne peuvent pas soutenir la concurrence[1]. » La prospérité de la Société générale de Crédit mobilier, du Comptoir d'escompte, de la Société de Crédit commercial et industriel, du Crédit agricole, etc., prouve que cette assertion est peu fondée; elle ne justifierait pas, en tout cas, la confusion que nous signalons.

Rappelons donc brièvement que le crédit commercial et industriel a pour base la confiance qu'un individu inspire à un autre individu, chacune des parties pesant les risques qu'elle court et les avantages qu'elle obtient, pour y proportionner le prix de loyer du capital. S'il y a abus du crédit, ceux qui

1. Deuxième brochure, p. 82.

l'accordent ou en profitent en subissent les conséquences, mais il n'en résulte qu'une de ces crises qui jettent un trouble momentané dans les affaires, sans causer le plus léger ébranlement au crédit monétaire.

Le billet de banque est l'intermédiaire du crédit que le public tout entier accorde, soit au gouvernement, soit à son délégué, en lui confiant un capital sans en recevoir aucun intérêt et uniquement pour avoir un moyen d'échange plus commode que le numéraire; le billet de banque est, avant tout, monnaie, moyen d'échange, mesure de toutes les valeurs.

Ce n'est que secondairement que le billet devient instrument de crédit dans les mains de celui qui l'émet, en lui permettant d'utiliser une partie du capital qu'il représente. Quelle que soit l'importance des services qu'il peut rendre en ce second caractère, son rôle, comme agent de crédit, doit toujours être subordonné à celui qu'il remplit comme monnaie. C'est cette distinction qui a servi de point de départ aux travaux qui ont jeté la lumière sur la question des Banques d'émission.

Si elle était admise, toutes les opinions se rapprocheraient ; mais elle semble n'être pas acceptée par les auteurs des publications dont nous nous occupons.

Le long examen des principes et des faits auquel nous nous sommes livré nous dispensera de nous étendre longuement sur la plupart des observations que suggèrent ces publications.

Nous passerons rapidement en revue les propositions qu'elles contiennent et traiterons avec quelque développement les deux questions suivantes : *les causes des crises*, et *la vente des fonds publics appartenant à la Banque*, questions que nous avons renvoyées à cette partie de notre travail.

DROITS DE LA BANQUE DE FRANCE ET DE LA BANQUE DE SAVOIE.

La question légale du privilége exclusif de la Banque de France, celle des droits de la Banque de Savoie, sont du domaine des jurisconsultes.

Elles perdent d'ailleurs toute importance, si, comme nous avons essayé de le prouver, l'unité de la monnaie de papier est un principe dont l'application rigoureuse est du plus haut intérêt pour le pays, et s'il est reconnu que l'État doit en déléguer l'émission à une Banque unique.

L'admission de ces deux principes conduit en effet à la double conclusion que voici :

1° Il faudrait rendre exclusif le privilége de la Banque de France, s'il ne l'était pas ;

2° Par la même raison, il faudrait enlever à la Banque de Savoie, en l'indemnisant, le droit d'émettre des billets dans toute la France, si elle le possédait.

La libre concurrence étant établie pour toutes les Banques qui n'émettent pas de billets, il ne peut plus être question de « monopole renforcé [1], » de « monopole à la deuxième puissance [2], » de « despotisme [3] » à combattre; les commerçants et les manufacturiers pouvant recourir à de nombreux établissements de crédit, il n'y a plus lieu de dire que « leur « honneur, leur existence même, sont livrés aux caprices d'un privilégié [4]. »

Le maintien d'une seule Banque d'émission ne s'oppose nullement à la multiplication des Banques d'escompte, « qui portent le crédit au point où il est « en Écosse [5] et aux États-Unis. Rien ne s'oppose « à l'organisation du crédit sur de larges proportions « et sous des formes diverses répondant à la diversité « des besoins. »

Il est à remarquer qu'en même temps qu'on cherche à prouver l'insuffisance de la Banque de France et la nécessité d'une concurrence pour développer la

1. Deuxième brochure, p. 83.
2. *Id.*, p. 83.
3. *Id.*, p. 25.
4. *Id.*, p. 25.
5. Rappelons que la circulation de billets des Banques d'Écosse ne met à leur disposition que 70,000,000 de francs, tout excédant devant être conservé en numéraire ; c'est par le développement du crédit commercial, et non par l'accroissement de la monnaie de papier, que les Banques d'Écosse ont une action si utile.

circulation des billets, on établit que la circulation, qui était, en moyenne, en 1849, de 400,000,000 de francs, en 1850, de 500,000,000 de francs, en 1851, de 580,000,000 de francs, dépasse aujourd'hui 800,000,000 de francs ; que celle de la Banque d'Angleterre et des autres Banques d'émission dans le Royaume-Uni n'atteint que 900,000,000 de francs, et que les seize cents Banques des États-Unis n'émettent pas plus de 1,066,000,000 de francs de billets. Ces chiffres prouvent que la Banque de France, malgré l'absence de toute concurrence pour l'émission de la monnaie de papier, s'est au moins prêtée à un accroissement de sa circulation, qui ne nous laisse sous ce rapport rien à envier à nos voisins.

Rien ne s'oppose donc « à ce que les institutions de crédit cessent de rester stationnaires dans leurs combinaisons et leurs proportions. » Il ne peut être question de s'exposer à « l'inconvénient majeur de les « tenir soumises à l'inflexible régime de l'unité ab« solue [1]. »

Pourvu que la monnaie de papier reste, comme la monnaie métallique, entre les mains de l'État ou de son représentant, rien n'empêche que les partisans de la liberté des Banques aient pleine satisfaction, et que, loin de se contenter d'avoir un peu plus d'une Banque par département, « il y en ait une par 12,000 âmes, comme dans l'État de New-York,

1. Deuxième brochure, p. 31.

voire même une par 2,000 âmes, comme dans le Rhode-Island[1]. »

Les établissements de crédit peuvent sans inconvénient être « entourés de règles moins rigou« reuses. » La loi sur les sociétés à responsabilité limitée semble, du reste, avoir répondu à ce vœu.

Après avoir montré que les deux brochures confondent sans cesse la distribution du crédit commercial avec l'émission de la monnaie de papier, nous arrivons aux reproches adressés à la Banque de France à laquelle on impute, tantôt l'origine, tantôt l'aggravation des crises.

Nous avons dit que, si la loi imposait les prescriptions nécessaires pour l'émission de la monnaie de papier, la Banque ne pourrait que se renfermer dans l'observation rigoureuse de ces prescriptions. Il n'en est pas ainsi. L'absence de règles légales donne au Conseil de la Banque un pouvoir et une responsabilité regrettables. Dans la crise actuelle, en effet, sans tenir compte des enseignements de l'expérience, en opposition avec tous les principes établis, la Banque de France a augmenté sa circulation dans le temps même que la réserve de numéraire dans ses caisses allait diminuant.

Voici sa situation, sous ce rapport, à quatre époques, depuis deux ans :

1. Deuxième brochure, p. 132.

DATES.	CIRCULATION.	NUMÉRAIRE.
26 juin 1862......	769,000,000 fr.	406,000,000 fr.
26 décembre »	778,000,000 »	318,000,000 »
25 juin 1863......	757,000,000 »	340,000,000 »
31 décembre »	806,000,000 »	191,000,000 »

Ainsi, du 26 juin 1862 au 31 décembre 1863, la circulation s'est accrue de 37,000,000 de francs, pendant que le numéraire en caisse diminuait de 215,000,000 de francs.

La Banque a aussi, de nouveau, acheté de l'or au dehors, dans le but de remplir ses caisses, qui se vidaient par suite de l'état défavorable des changes. Le coût de cet or est venu, comme l'aurait fait toute autre marchandise, ajouter à l'excédant de nos achats sur nos ventes à l'étranger, et n'a pu être en réalité payé qu'au moyen de métaux précieux, que la Banque a reçus d'une main grevés de frais et de commissions, et qu'elle a rendus immédiatement de l'autre main, sans aucune prime ; elle a ainsi ajouté au mal sous deux formes : par ses achats d'or, elle a augmenté la différence que nous avons à payer en métaux précieux à nos voisins ; par l'accroissement de sa circulation à mesure que l'or sortait, elle a contribué au maintien du prix élevé de toutes les marchandises.

Mais ce n'est point de cet excès d'émission qu'on

la blâme ; loin de là, on lui reproche de ne l'avoir pas poussé assez loin.

« Depuis trois mois, dit-on, le commerce français est livré à une crise, aux causes de laquelle il est étranger, car il a procédé en 1863 avec sa sagesse accoutumée. Cette crise n'a d'autre origine qu'un incident de peu de portée en lui-même, à savoir, la sortie des caves de la Banque de France d'une certaine quantité de numéraire métallique. Mais la crise est singulièrement aggravée par la méthode dont la Banque de France se sert pour parer à cette sortie de numéraire [1]. »

Examinons, l'une après l'autre, ces trois assertions. Quant à la première, nous avons expliqué qu'aux époques de grande prospérité le commerce partage l'entraînement général, et que les plus modérés ne sont sages que par comparaison avec ceux qui donnent l'impulsion.

Nous n'avons pas besoin de dire que l'exportation du numéraire, pour des besoins commerciaux, est toujours en elle-même un fait grave, méritant la plus grande attention ; que du reste elle est un des signes de la crise, qu'elle ne peut en être la cause. Mais nous devons essayer de montrer quelles sont les causes véritables de ces crises qui se reproduisent d'une manière périodique et pour ainsi dire régulière.

1. Deuxième brochure, p. 23.

Nous reviendrons ensuite au reproche fait à la Banque d'aggraver le mal par l'élévation du taux de l'intérêt.

CAUSES DES CRISES COMMERCIALES ET MONÉTAIRES.

Laissons de côté les causes de crises qu'on ne peut ni prévoir, ni empêcher, mais dont il ne faut pas moins tenir grand compte dans la conduite des affaires du pays, comme, par exemple, une importation exceptionnelle de céréales, la nécessité de payer avec des métaux précieux une matière première aussi nécessaire que le coton, ou enfin le besoin de numéraire pour les armées hors du pays.

Pour limiter notre examen, recherchons les faits commerciaux et financiers qui depuis douze ans ont contribué à rendre en France le capital rare, l'argent cher, faits qu'il était possible d'apprécier dans leurs conséquences probables, et par conséquent de modifier d'une manière utile, en modérant la dispensation du crédit.

En effet, une nation peut abuser collectivement du crédit aussi bien qu'un seul individu.

L'homme le plus riche peut, même pour des travaux utiles, dépenser une somme excédant son revenu ; il peut dans ce cas emprunter de ses voisins l'excédant de leurs revenus sur leurs dépenses ; mais le crédit dont il peut disposer a des limites, tout aussi bien que son capital, et s'il ne retire pas, de l'immobilisation de ses fonds, un bénéfice suffisant pour faire face à ses engagements, il arrive à une situation gênée et même à la ruine. Il en est de même de la nation entière. Tous les particuliers qui font des économies peuvent les prêter à tous ceux dont les travaux absorbent des sommes supérieures à leur capital disponible. Si ceux-ci, dans leurs entreprises, restent dans les limites des ressources dont les premiers peuvent disposer, il y a usage utile et sage du crédit, et, suivant toute probabilité, prospérité, bien-être général; mais si les bénéfices réalisés surexcitent l'esprit d'entreprise, si, encouragés par les facilités que les distributeurs du crédit donnent trop largement, les travaux sont poussés de façon à ce que l'immobilisation des capitaux dépasse le montant du capital sans emploi, l'abus du crédit commence, les causes de crises vont se multipliant et s'aggravant.

Il faudrait donc pouvoir connaître, chaque jour, le rapport entre le capital disponible et les travaux entrepris, pour se rendre compte de la situation. Nous ne possédons pas les éléments nécessaires pour apprécier quelle a été depuis douze ans l'économie annuelle de la France. Nous n'avons non plus aucun moyen de connaître l'importance des capitaux étrangers que l'élévation du taux de l'intérêt a attirés en France. Mais nous pouvons donner une idée de l'absorption du capital disponible, par l'indication du chiffre des emprunts français, des actions et obligations des chemins de fer français, ainsi que de celui des emprunts étrangers, des actions et obligations des compagnies étrangères, émis en France pendant ces douze années.

Le gouvernement français a emprunté, en vertu de

la loi du 14 mars 1854. . . .	250,000,000	fr.
— 31 décembre 1854. . .	500,000,000	»
— 11 juillet 1855.	750,000,000	»
— 2 mars 1859	500,000,000	»
— 30 décembre 1863 . . .	300,000,000	»
	2,300,000,000	fr.

Sous la forme d'obligations trentenaires	310,000,000	fr.
Par la création de rentes transférées à la Banque de France.	100,000,000	»
Par la consolidation de fonds provenant de la dotation de l'armée.	183,000,000	»
Par la soulte qu'il a reçue pour la conversion des rentes 4 1/2 et 4 p. 100, et des obligations trentenaires.	160,000,000	»
A reporter. . .	3,053,000,000	fr.

Report. . . . 3,053,000,000 fr.

Les communes et les départements ont emprunté pendant la même période :

Emprunts communaux. .	500,000,000 fr.	679,000,000 »
Emprunts départementaux	179,000,000 »	

A ces sommes, il faudrait ajouter celles obtenues par l'accroissement du nombre et de la quotité des impôts et par les centimes additionnels au moyen desquels l'État, les départements et les communes, ont aussi soldé le coût de travaux extraordinaires.

Depuis 1852, la vente des obligations des chemins de fer français, garanties par l'État, a fourni aux Compagnies un capital de. . . . . 3,085,000,000 »

Les actions de ces Compagnies, émises depuis la même date, montent en capital versé à. 878,000,000 »

7,695,000,000 fr.

Les obligations des chemins

A reporter. . . 7,695,000,000 fr.

Report. . . .	7,695,000,000 fr.
de fer étrangers émises en France, et dont une très-grande partie doit y être restée, ont produit à peu près.	834,000,000 »
	8,529,000,000 fr.
Les actions des chemins de fer étrangers émises en France s'élèvent à 1,549,000,000 fr.; mais il est difficile d'apprécier ce qui a été repris par les capitalistes étrangers; nous supposerons que la valeur nominale des actions restées en France est des deux tiers de la somme totale.	1,000,000,000 »
	9,529,000,000 fr.

Il est également difficile de savoir quelle est, pour les emprunts étrangers émis en France, l'importance des capitaux français qui restent engagés dans ces placements.

L'emprunt italien de 1861 a

A reporter. . .	9,529,000,000 fr.

	Report. . . .	9,529,000,000 fr.
été de. . . .	713,000,000 fr.;	
celui de 1863.	500,000,000 »	
	1,213,000,000 fr.	
Supposons que le quart en est encore en France.		300,000,000 fr.
L'emprunt turc, la Banque ottomane, les achats considérables de fonds turcs pour l'Angleterre, ne sont mentionnés que pour mémoire.		*Mémoire.*
		9,829,000,000 fr.

Soit en moyenne 818,000,000 de francs par année.

Ne mentionnons que pour mémoire le Crédit mobilier espagnol, le Crédit mobilier italien, les Banques internationales récemment créées ; laissons chacun évaluer à sa guise la somme, certainement énorme, qui a été absorbée, dans le cours de ces douze ans, en hauts-fourneaux, forges, fabriques de machines, maisons dans les villes, maisons, granges, instruments d'agriculture dans les campagnes, etc. Quelle que soit l'appréciation de la somme à ajouter de ce chef aux 818,000,000 de francs immobilisés à l'intérieur ou envoyés à l'étranger en moyenne par an, il y a certes, dans ce chiffre, une explication suffisante de la rareté du capital, de la hausse du taux de l'intérêt.

En considérant l'énormité du capital immobilisé en moyenne par année, on ne peut s'empêcher de penser que l'immobilisation a plusieurs fois dépassé l'économie annuelle, la dépense d'ailleurs ayant nécessairement été répartie inégalement entre les douze années. On a droit de dire que c'est là qu'il faut chercher la véritable cause de la fréquence et de l'intensité des crises depuis cette époque.

Si la rente est à 66, est-il besoin d'une autre explication de cette baisse de prix que celle qu'on trouve dans le fait de la négociation d'emprunts montant à. . . . . 2,300,000,000 fr.

et de l'émission d'obligations des Compagnies de Chemins de fer, garanties par l'État, pour une somme de.	3,100,000,000 »
Total. . .	5,400,000,000 fr.

Une pareille augmentation des titres dont l'État est débiteur direct, ou garant, a inévitablement produit une dépréciation, qui a été singulièrement augmentée par la concurrence d'autres valeurs donnant aux capitalistes un intérêt très-élevé, aux spéculateurs l'attrait de la réalisation de primes considérables.

Quelle est, au milieu de ce mouvement grandiose,

l'influence de la Banque de France, non pas comme Banque d'émission, car comme telle elle ne peut jouer qu'un rôle passif, mais comme grande institution de crédit [1]?

1. Observons que, si la Banque de France a un capital social de 180,000,000 de francs et des dépôts montant en moyenne à 200,000,000 de francs, elle a autour d'elle de puissantes Compagnies dont les ressources sont :

	Capital.	Dépôts en compte courant.
Société générale de Crédit mobilier	60,000,000 fr.	101,000,000 fr.
Crédit foncier	60,000,000 »	76,000,000 »
Crédit agricole	20,000,000 »	17,000,000 »
Comptoir d'escompte	40,000,000 »	37,000,000 »
Crédit industriel et commercial	60,000,000 »	30,000,000 »
	240,000,000 fr.	261,000,000 fr.

Si l'on ôte des 240,000,000 de francs formant le capital de ces sociétés les 60,000,000 de francs montant du capital nominal du Crédit foncier, dont la moitié seulement a été appelée, les ressources dont elles disposent s'élèvent encore à 441,000,000 de francs.

En présence de ce chiffre, comment pourrait-on prétendre que la Banque, avec ces 380,000,000 de francs, a le pouvoir de produire seule la rareté ou l'abondance du capital.

D'ailleurs une partie importante de ces 380,000,000 de francs est mise à la disposition des autres compagnies de crédit; dans un seul semestre la Banque de France a pris à l'escompte :

47,000,000,000 de fr. du Comptoir d'escompte,
10,000,000,000 » Crédit agricole,
36,000,000,000 » Crédit foncier,
70,000,000,000 » Crédit industriel et commercial,

et cela en effets dont la moyenne s'élevait à 3,312 francs.

Dans le même semestre, la moyenne de tous les effets escomptés par la Banque de France, ceux-ci compris, n'a pas dépassé 1,080 francs; et dans le nombre quelques-uns n'atteignaient pas 50 francs. N'est-ce pas là se mettre au service *des travailleurs peu riches?*

Ses adversaires proclament eux-mêmes [1] « que la Banque de France s'exagère étrangement sa puissance, quand elle croit qu'il dépend d'elle d'arrêter les affaires, de remonter les courants que créent, dans le monde entier, les besoins des gouvernements et des peuples, et les rapports de tous les marchés. »

Que peut en effet la Banque de France pour empêcher l'exagération des dépenses du gouvernement, des grandes compagnies de travaux publics et des particuliers? Quelle influence peut-elle exercer sur la continuation ou la cessation de la guerre civile d'Amérique, sur les exportations de métaux précieux au Mexique pour l'armée, en Chine, dans l'Inde anglaise, au Brésil, pour payer le coton?

Peut-elle s'opposer à ce que les actions, les obligations de toutes sortes, aillent se multipliant, à ce que les lettres de change, les billets à ordre, se créent en proportion des travaux et des affaires en cours et arrivent sur les grands marchés des capitaux pour y être escomptés?

Si nous ne considérons que la crise actuelle, la Banque de France a-t-elle pu empêcher l'émission, depuis quinze mois :

1° D'obligations des chemins de fer français

1. Première brochure, p. 83.

pour.	366,000,000 fr.
2° D'actions du chemin de fer de Lyon à Marseille.	75,000,000 »
Total. . .	441,000,000 fr.

3° De l'emprunt italien de 500,000,000 de francs ;

4° De l'emprunt ottoman de 150,000,000 de francs ;

5° Des actions de la Banque ottomane, de la Banque des Pays-Bas ;

6° Les achats de coton dans des pays qui ne prennent en payement que les métaux précieux ?

A-t-il dépendu d'elle d'arrêter l'émission de traites sur la France et l'Angleterre, en payement des avances considérables que, dans le légitime exercice de leur droit, de puissantes associations de capitalistes et de compagnies ont jugé de leur intérêt de faire aux gouvernements d'Autriche et d'Italie ?

Pourquoi donc lui imputer la rareté de capital qui résulte de toutes les causes que nous venons d'énumérer ?

Comment, en face de pareilles immobilisations de capitaux, peut-on attribuer tout le mal au simple fait que 150,000,000 de francs de fonds publics sont possédés par la Banque de France au lieu de l'être par d'autres capitalistes ?

Qu'il nous soit permis de dire aux « promoteurs de l'extension de la Banque de Savoie » :

Félicitez-vous de la large part que vous avez prise à la création des grands travaux publics, à la constitution des grands établissements de crédit depuis 1852; continuez à combiner, à organiser de vastes entreprises, à élargir encore les bases du crédit; mais, si vous marchez trop vite, si, entraîné par l'élan que vous avez contribué à lui donner, le pays dépasse les limites de ses ressources, s'il arrive à un état de malaise, ne cherchez pas à en rejeter la responsabilité sur la Banque de France.

Au lieu de lui prodiguer un blâme immérité, joignez-vous à elle pour porter remède au mal et en empêcher le retour, si cela est possible.

Travaillez à faire comprendre que l'intérêt, comme le devoir, commande de ne pas étendre sans cesse les limites du crédit, sous l'influence de l'esprit de concurrence; qu'il est aussi important, suivant les circonstances et la situation, de régler et de modérer le crédit, que de l'étendre et de le développer.

C'est aux hommes qui, par leur intelligence et leur activité, ont conquis une grande et légitime influence, à entreprendre une tâche moins brillante, mais non moins utile que celle déjà accomplie, en travaillant à réunir les efforts de toutes les grandes institutions de crédit dans le double but d'exciter, mais aussi de modérer à propos l'activité du pays.

C'est à eux à combiner cette action commune avec celle de la Banque de France.

Il y a là encore de la gloire à acquérir, un grand service à rendre, la reconnaissance du pays à mériter.

Que cette entente s'établisse, qu'elle amène une organisation du crédit par un accord entre les grandes institutions créées depuis quelques années, et que rien n'empêche de multiplier encore, et l'on pourra espérer, non point épargner d'une manière absolue les crises au pays, mais les rendre moins fréquentes, moins violentes et moins longues.

Aussi longtemps que cet heureux résultat ne sera pas obtenu, quand par des causes quelconques le capital se fera rare, quand les métaux précieux quitteront le pays, quels seront les moyens à employer pour arrêter le mal?

Nous examinerons tout à l'heure ceux qu'on propose. Pour nous, nous avouons que nous n'en connaissons qu'un seul, la hausse du taux de l'intérêt, employée comme moyen le moins dur d'amener la baisse des prix.

A cet égard, nous sommes de ceux qui « s'arrêtent sur des erreurs d'un autre âge, qui ne séduisent plus que des esprits attardés [1]. »

Nous nous autorisons du mouvement des mar-

1. Première brochure, p. 65.

chandises et des métaux précieux en 1848, 1849 et 1850, tel que nous l'avons cité, pour approuver les institutions qui tiennent compte de l'état des changes, et pour ne pas regretter de voir « les Banques se conduire encore d'après la doctrine surannée de la balance du commerce, et resserrer ou étendre le crédit, ralentir ou activer le travail, d'après l'exacte proportion de la rareté ou de l'affluence du numéraire dans leurs caisses [1]. »

Nous croyons vieux, mais très-fondé, « l'épouvantail de la solidarité des marchés monétaires, même quand sous nos yeux, à New-York, à Saint-Pétersbourg et à Vienne, malgré les primes élevées que l'agio y donne à l'importation de l'or, on ne parvient pas à y attirer les métaux précieux d'Amsterdam, de Berlin et de Francfort [2]. »

Et, sur ce dernier point, nous ferons seulement remarquer que la prime de 55 p. 100 est payée sur l'or, non pas par ceux qui veulent l'attirer à New-York, mais bien par ceux qui n'ont point d'autre moyen de retirer leur capital des États-Unis, ou qui ont à faire en Europe des acquisitions en échange desquelles nulle autre marchandise ne peut nous venir, grâce aux prix élevés que produit l'excès d'émission de la monnaie de papier fédéral.

Pour attirer les capitaux qui font défaut, nous

1. Première brochure, p. 72.
2. Deuxième brochure, p. 74.

croyons excellent « le procédé empirique de la hausse de l'escompte; nous sommes de ceux qui ne savent pas en employer d'autres [1], » mais cela par le seul motif que nous n'en connaissons aucun d'un effet aussi sûr et aussi rapide, et qui entraîne aussi peu de souffrances,

Sommes-nous dans l'erreur? Y a-t-il des procédés préférables? Examinons les moyens indiqués dans les deux brochures.

On met en première ligne la vente des fonds publics que la Banque possède, vente dont le résultat serait « un état de liberté et d'abondance succédant « à la gêne.

« L'abaissement de l'intérêt au taux des meilleurs « jours de cette grande époque financière de 1852.

« A la seule espérance de cette mesure, la rente « se relevant immédiatement de la dépression que « l'élévation de l'escompte lui a fait subir [2] ! »

Et tout cela purement et simplement grâce à la vente de 150,000,000 de francs de fonds publics!

Nous avons déjà dit que vendre des valeurs pour produire la baisse (et non pas la hausse) des prix était l'un des moyens à employer pour arrêter, à un moment donné, la sortie du numéraire, et faire cesser la gêne en attirant des capitaux sur le marché.

Mais comme mesure générale et permanente,

1. Deuxième brochure, p. 85.
2. *Id.*, p. 88.

dans une situation normale, que peut produire une pareille mesure?

La proposition et le but sont précisés : « La situation exige plus impérieusement que jamais que la Banque de France ait son capital intégral réalisé en espèces et engagé dans ses opérations [1]. »

Supposons donc, comme on le propose, que la Banque de France ouvre une souscription publique pour le placement des fonds publics qu'elle possède.

A moins de supposer que cette somme de 150,000,000 de francs existe enfouie ou sans emploi, il faut admettre que les souscripteurs devront à leur tour se la procurer en vendant d'autres valeurs, en empruntant sur nantissement, ou en retirant leurs dépôts de la Banque, non pas peut-être directement, mais par un plus ou moins grand nombre de transactions intermédiaires.

Tout se réduira à ceci. Les particuliers auront des fonds publics au lieu de lettres de change ; la Banque aura en portefeuille, par suite de l'emploi qu'elle aura fait du capital versé par les souscripteurs, des lettres de change escomptées, des valeurs mobilières sur lesquelles elle aura fait des avances, et parmi celles-ci peut-être les fonds publics qu'elle aura vendus. Que gagnera le pays à ce virement pur et simple, réalisé sans aucune addition au capital national?

1. Première brochure, p. 97.

La Banque aura transformé la nature de la garantie qu'elle doit au public, en l'amoindrissant. Quant à ses bénéfices, ils ne seront que peu ou point modifiés, et, suivant les circonstances, ce sera tantôt en sa faveur, tantôt à son détriment.

En effet, la rente 3 p. 100 rapporte depuis longtemps un intérêt qui varie de 4 1/4 à 4 1/2 p. 100. Sans même tenir compte des époques de crises où nous le voyons monter à 7 et 8 p. 100, l'intérêt commercial étant, depuis plusieurs années, en moyenne, supérieur à 4 1/2 p. 100 par an, l'escompte du papier de commerce aurait donné des résultats plus avantageux que le placement en 3 p. 100. Il y a donc injustice à accuser la Banque de France de conserver son capital placé en fonds publics pour grossir le dividende de ses actions.

Mais, en tout cas, par le fait qu'elle possède des fonds publics, au lieu d'avoir dans son portefeuille des effets de commerce pour une somme égale, comment la Banque de France peut-elle être accusée de « vouloir, au préjudice du public, tirer d'un sac deux « moutures [1]? »

Ce n'est pas à une double mouture, c'est à l'augmentation des services qu'elle a rendus au public que la Banque doit l'accroissement régulier de ses bénéfices.

1. Deuxième brochure, p. 75.

En effet, ses opérations se sont élevées de

3,964,000,000 francs en 1853 à
7,783,000,000 francs en 1863.

Entre les deux époques son capital a été doublé et ses bénéfices ne l'ont pas été ; ils ont monté à

19,730,000 francs en 1853, et à
36,712,000 francs en 1863.

La Banque, comme tous les autres capitalistes, obtient un intérêt plus ou moins élevé suivant le prix général du capital dans le monde entier ; ce n'est pas elle qui élève ou abaisse ce prix d'une manière durable ; elle est loin d'en avoir le pouvoir.

Un second moyen mis en avant est la création de petites coupures de billets de Banque.

Nous ne revenons pas sur cette question du fractionnement des billets ; nous avons indiqué les inconvénients des coupures trop petites, le peu d'avantage probable même de la coupure de 50 francs.

La Banque doit-elle, comme on le conseille, avoir en portefeuille des effets sur l'étranger pour parer aux besoins des époques de crises ?

Si le moyen est bon, les autres Banques d'émission à l'étranger l'adopteront, et l'effet attendu sera compensé, annulé.

Ce n'est d'ailleurs qu'aux époques où les changes sont favorables qu'on peut proposer d'y recourir; s'il y a à ce moment un effet produit, ce sera de faire monter le change et de mettre par là obstacle à l'importation des métaux précieux; en sorte que, probablement, la Banque arrivera par ce moyen à avoir du papier sur l'étranger dans son portefeuille au lieu d'or dans ses caisses.

La crise monétaire venue, si l'on vend sur place ces effets, ils serviront à payer une partie des dettes contractées à l'étranger, comme le ferait l'or dont ils ont pris la place, et comme la Banque en sera payée en billets, l'effet sera le même que si l'on restreignait l'escompte du papier sur place, c'est-à-dire la diminution de la monnaie en circulation et la baisse des prix.

Si, au contraire, on se sert de ces effets pour faire entrer en France de l'or, quand l'état des changes en permet l'exportation, on ne fera qu'aggraver le mal, comme nous l'avons expliqué.

L'admission à l'escompte du papier de commerce ne portant que deux signatures est aussi demandée, non pas comme remède aux crises, mais comme une importante facilité à donner au commerce.

La troisième signature, actuellement exigée par les statuts de la Banque de France, a pour conséquence le recours obligé à un intermédiaire ; mais le bénéfice que celui-ci prélève pour le risque qu'il court, et la garantie additionnelle qu'il donne par son endossement, sont précisément ce qui permet à la Banque d'offrir le capital à un intérêt plus bas que les autres escompteurs.

C'est ce que M. Dufaure a si clairement expliqué dans la discussion de 1840 à la Chambre des députés.

« On accuse la loi d'un excès de prudence. On demande que le papier à deux signatures puisse être admis à l'escompte. Après la signature de l'acheteur qui souscrit un effet et celle du vendeur qui l'endosse, la troisième signature, dit-on, est de complaisance ou achetée à un escompteur : pourquoi l'exiger ? Deux signatures et la réalité de l'opération qui a été la cause de la lettre de change sont des garanties suffisantes ; demander plus, c'est livrer le petit commerce à l'exploitation des escompteurs, c'est le priver de la modération d'intérêts dont la Banque devrait le faire jouir.

« Mais il faut remarquer que le tarif de l'escompte est proportionné à la solidité du papier que la Banque reçoit. La garantie que nous supprimerions devrait être remplacée par une prime d'assurance ; au lieu de 4 0/0 l'escompte ne se ferait plus qu'à 4 1/2 ou 5 0/0. »

Disons un mot encore de la proposition de ne

limiter le taux d'intérêt que pour la Banque de France, et cela à 6 0/0. Sans relever ce que ce privilége d'une nouvelle espèce a d'étrange, remarquons seulement qu'il ne s'agit pas d'autre chose que du retour à un taux immuable de l'intérêt; la différence de 4 à 6 p. 100 ne fait que reculer la limite à laquelle commencent les inconvénients de ce système, aux époques de rareté du capital.

Nous avons ainsi complété notre appréciation des attaques dirigées contre l'organisation actuelle des Banques d'émission, et des innovations proposées pour leur réorganisation. Quant à ce qui concerne la Banque de Savoie en particulier, l'examen que nous avons fait de ses statuts nous permet de nous borner à rappeler que, sous aucun rapport, son organisation n'offre d'avantages sur celle des autres Banques d'émission.

Du reste, les auteurs de la seconde brochure le déclarent eux-mêmes :

« La discussion ne peut s'établir que sur le terrain des intérêts généraux.

« Tout cela est d'un ordre bien supérieur à la Banque de Savoie : celle-ci n'intervient ici que comme un cadre tout prêt, qu'il serait facile d'adapter à d'impérieux besoins que trop évidemment la Banque de France est impuissante à satisfaire [1]. »

1. Deuxième brochure, p. 20.

La question à résoudre est celle de la pluralité des Banques d'émission, ou de l'unité de la monnaie de papier. On déclare que :

« Le gouvernement possède aujourd'hui, pour la création de Banques nouvelles, indépendantes de la Banque de France, toutes les facultés dont il était investi antérieurement au décret-loi du 27 avril 1848, qui réunit à la Banque de France les Banques départementales alors existantes [1]. »

On le voit, ce qu'on propose théoriquement, c'est la destruction du régime créé en 1848, le retour au système antérieur, le rétablissement des Banques de Marseille, Lyon, Toulouse, Bordeaux, le Havre, etc., etc., et la création de nouvelles Banques dans toutes les villes qui le demanderont, avec le pouvoir nouveau d'établir, comme veut le faire la Banque de Savoie, des succursales dans toute la France.

Ce qui résulterait d'une pareille concurrence entre des établissements dont chacun émettrait son billet de banque spécial, nous n'osons pas pour notre part l'envisager sans effroi.

Et les auteurs des brochures partagent probablement notre sentiment jusqu'à un certain degré, car, par une contradiction qui n'est pas inexplicable, ils arrivent à se demander « si le système qui convient à « la France n'est pas celui d'une certaine concur-

1. Deuxième brochure, p. 65.

« rence [1]. » Puis, arrivant à la pratique, ils vont plus loin encore.

« Quand sera consacré le droit qu'a la Banque de Savoie de prendre une part active à la dispensation du crédit dans toute la France, cette concurrence aura une fécondité sans bornes [2]. »

Cet écrit tout entier a été consacré à faire reconnaître les dangers de la pluralité des Banques d'émission ; nous avons montré les progrès du principe de l'unité, proclamé en Angleterre, définitivement établi en France en 1848, et prévalant dans toute l'Europe. Nos convictions de 1848 ne sont que plus fortes en 1864, et aujourd'hui comme alors, nous croyons remplir un devoir en venant les exposer et les défendre devant le public, et en demandant que, loin d'être agrandi, le privilége de la Banque de Savoie soit racheté, pour faire disparaître une fâcheuse exception au principe de l'unité de la monnaie de papier.

Arrivé au terme de notre travail, nous ne pouvons nous dispenser de reconnaître que les discussions soulevées par la prétention de la Banque de Savoie ont fait ressortir l'avantage de quelques modifications de la loi qui régit la Banque de France ; ces changements seraient aussi favorables au commerce qu'à la Banque, dont on ne peut pas séparer

1. Deuxième brochure, p. 81.
2. Première brochure, p. 162.

les intérêts de l'intérêt public : qu'il nous soit permis d'indiquer brièvement ce que pourraient être ces changements.

La Banque de France serait, comme la Banque d'Angleterre, divisée en deux comptoirs complétement distincts :

Le comptoir d'émission de la monnaie de papier;

Le comptoir des opérations de Banque proprement dites.

Le premier émettrait et rembourserait la monnaie de papier, et serait tenu de donner ses billets en échange des métaux précieux qu'on lui livrerait, au prix de la Monnaie, sous déduction de l'intérêt d'un certain nombre de jours.

Il serait obligé de conserver en numéraire ou en métaux précieux une somme égale à la moitié du montant des billets en émission, sans que ce montant pût dépasser le quintuple du capital de la Banque : ce capital présenterait toujours ainsi une garantie de 20 p. 100 aux porteurs des billets, et la Banque ne pourrait faire tourner à son profit les besoins nouveaux de la circulation qu'à la condition d 'uneaugmentation de son capital. Le gouvernement pourrait rendre cette augmentation obligatoire de manière que la Banque offrît toujours la même garantie à ses créanciers et fût tenue de mettre un capital plus considérable à la disposition du commerce, à mesure que la somme des billets émis irait croissant.

Le rapport entre la réserve en numéraire et le montant des billets en circulation semble devoir être très-élevé dans l'état commercial actuel du monde, et si nous avons indiqué celui de 50 p. 100, c'est que dans les dernières crises monétaires la sortie des métaux précieux a pris des proportions inconnues jusqu'ici ; ce rapport pourrait être fixé pour un court délai, et être discuté tous les cinq ans.

Le comptoir d'émission devrait employer, en fonds publics, le reste du capital représenté par les billets en circulation, comme le ferait l'État lui-même.

Si la diminution du numéraire en caisse dépassait les limites des oscillations ordinaires, normales, pour ainsi dire, et que nous supposerons atteindre, par exemple, 15 p. 100 du montant des billets, le comptoir d'émission pourrait, d'accord avec le comptoir de banque, et avec l'approbation du gouvernement, vendre des fonds publics en quantité suffisante pour rétablir la proportion prescrite. Quand la rentrée du numéraire ou des billets aurait porté la réserve au-dessus de cette proportion, le comptoir achèterait de nouveau des fonds publics; si cette double transaction laissait une perte, elle serait comblée par un prélèvement sur l'intérêt produit par les fonds publics.

Le comptoir des affaires de banque continuerait à fonctionner comme le fait la Banque aujourd'hui; aux époques de crises il combinerait la hausse de l'intérêt de l'escompte avec les ventes de fonds publics qu'opérerait le comptoir d'émission, si le recours aux deux moyens était reconnu utile.

Plusieurs moyens existent d'associer l'État aux bénéfices nouveaux provenant de l'accroissement de la circulation des billets. Le service de la dette publique, transferts, payements de dividendes, pourrait, par exemple, être mis à la charge de la Banque, à certaines conditions, et, en tout cas, à ses risques et périls, sans que la Cour des Comptes eût à intervenir. On devrait dans ce cas organiser les transferts de manière à ce que, par une vente ou un emprunt, on pût disposer de la valeur des fonds publics, non pas au bout de trois jours, comme c'est le cas chez nous, mais en quelques instants, comme en Angleterre; les fonds publics serviraient alors de réserve à tous les négociants, à tous les capitalistes. L'immobilisation de titres qui serait la conséquence de cette facilité de réalisation ne pourrait manquer de profiter au crédit public.

La situation de la Banque devrait être publiée hebdomadairement.

La loi, dans ce système, devant assurer le crédit de la monnaie de papier par des prescriptions absolues, à l'exécution desquelles le gouverneur et les deux sous-gouverneurs auraient à veiller, l'influence du gouvernement dans le Conseil général de la Banque devrait être amoindrie.

Cette mesure aurait le double avantage de diminuer la responsabilité du gouvernement dans des transactions pour lesquelles son intervention est au moins inutile, et d'augmenter le crédit de la Banque, pour laquelle on ne craindrait plus une influence qui pourrait n'être pas toujours sans danger.

APPENDICES

N° 1.

Extrait d'une brochure de M. SAMUEL JONES LOYD (lord OVERSTONE).

ÉLÉVATION DU TAUX DE L'INTÉRÊT.

La Banque est tenue non-seulement de préserver son trésor du danger d'épuisement par les demandes du dehors, mais de le maintenir aussi à un taux tel qu'elle y trouve en tout temps le moyen de faire face aux demandes créées par une panique à l'intérieur ; elle doit se mettre en garde, non-seulement contre la calamité d'une suspension des payements en espèces, mais même contre une crainte fondée de cette suspension, et en même temps les mesures nécessaires pour atteindre ce but doivent être rendues aussi peu oppressives au commerce du pays que cela peut s'accorder avec l'obtention du résultat désiré. De là l'importance de faire coïncider l'action sur la circulation de la monnaie de papier avec celle qui se manifeste sur les métaux précieux ; de cette manière cette action agit par degrés et se fait comparativement peu sentir; toute remise, tout retard, au contraire, laisse et souvent fait naître beaucoup de circonstances de nature à embarrasser et à gêner l'accomplissement de l'effet qu'on veut produire... Il est toujours sage de se soumettre à temps à la gêne de mesures préventives, au lieu de courir le risque de maux plus grands, qui viendront plus tard.

DES ATTAQUES CONTRE LE MONOPOLE DES BANQUES D'ÉMISSION.

Il y a encore dans ce pays des individus, influents par leur position et par leur activité, qui appuient les clameurs contre le monopole de la Banque d'Angleterre, et lui attribuent exclusivement l'instabilité de la circulation et les fluctuations des affaires commerciales : c'est le recours ordinaire de l'ignorance populaire en cas de souffrance, sous l'influence d'un mal dont on ne connaît pas la cause, de l'attribuer aux effets fâcheux de quelque monopole supposé.

NÉCESSITÉ DU MONOPOLE POUR L'ÉMISSION DE LA MONNAIE DE PAPIER.

Il faut distinguer les cas bien rares où le monopole est nécessaire pour la protection du public.

Le pouvoir de créer la monnaie de papier, comme la prérogative royale de frapper monnaie, sont des exemples de cette nécessité. Si, entraînés par les phrases à la mode, « les monopoles sont nuisibles, » « le temps des priviléges est passé, » nous le soumettons au régime de la libre concurrence au lieu de le laisser sous la direction d'un pouvoir exclusif, l'intérêt public peut en souffrir un tort incalculable.

N° 2.

Extrait de l'ouvrage de M. Göschen, membre du Parlement pour la Cité de Londres, *sur la Théorie des Changes étrangers.*

ÉLÉVATION DU TAUX DE L'INTÉRÊT.

F° 133. — Il est clair qu'il n'y a pas de moyen plus puissant et plus actif pour remédier à l'état défavorable des changes, pour arrêter la sortie de l'or et toutes les conséquences qui l'accompagnent, qu'une élévation prompte et sérieuse du taux d'intérêt de l'escompte. C'est le seul mode d'action par lequel on puisse retenir ce qu'on est sur le point de perdre, ou remplacer ce qui est déjà sorti : *son effet naturel n'est nullement de produire une rareté de monnaie* dont elle ne peut jamais être la cause, quoiqu'elle en soit souvent la conséquence : elle remédie au contraire à cette rareté, elle la diminue, en offrant une prime au reste du monde pour envoyer leur capital ou leur monnaie sur le marché où il est le plus cher.

EXPLICATION DES DIFFÉRENCES DU TAUX D'INTÉRÊTS ENTRE DIFFÉRENTS PAYS. — Page 126.

Après les observations précédentes, on peut avec raison demander comment il est possible, avec le mouvement rapide de numéraire d'un pays à un autre pour remplir le vide qui peut s'y être produit, qu'il existe une aussi grande différence dans le taux de l'intérêt que celle qui se produit quelquefois pour l'Angleterre. Comment expliquer que le taux de l'intérêt reste à 6 p. 100 à Londres, et soit à 2 ou 3 p. 100 à Hambourg et dans d'autres villes du continent? C'est un mystère qui a embarrassé bien des gens cette année (1861) pendant les mois où le taux de l'intérêt chez nous a tant dépassé celui du continent. Cette question peut cependant être facilement résolue.

Quant à Hambourg, nous avons à tenir compte de la différence d'étalon de la monnaie. Les capitalistes de Hambourg qui, par hypothèse, ont tant d'argent sans emploi qu'ils ne peuvent le placer qu'à 2 p. 100, n'ont que de la monnaie d'argent, et par conséquent la possibilité d'envoyer en Angleterre leur surplus de capital dépendra de la probabilité d'y vendre cet argent à haut prix : la marche naturelle serait d'envoyer cet argent en Angleterre, de l'y vendre au mieux et d'employer le produit à escompter des lettres de change au taux élevé du marché; mais quand ces lettres de change approchent de leur échéance et que le banquier de Hambourg désire rentrer dans son capital, il aura à échanger les souverains qu'il recevra contre de l'argent qui lui sera renvoyé à Hambourg.

Quand à la fin de l'opération il en fera le compte, il trouvera d'abord en sa faveur la différence du taux d'intérêt entre Hambourg et Londres, que nous avons supposée aussi élevée que 4 p. 100; mais, si nous supposons qu'il ait escompté des effets à trois mois, cette différence ne lui profitera que pour le quart de l'année, et ainsi son bénéfice apparent sera réduit à 1 p. 100; mais il faut encore en déduire les frais possibles d'envoi de numéraire d'une ville à l'autre dans les deux sens, la perte possible par la différence entre le prix de vente de l'argent à Londres, et celui du rachat après trois mois : il peut en résulter que le 1 p. 100 soit absorbé et même dépassé.

L'exemple de Hambourg, avec l'argent pour étalon de sa monnaie, est une démonstration frappante des difficultés qui s'opposent au transport du capital d'un pays à l'autre, et en même temps de la nécessité d'élever assez le taux de l'intérêt pour surmonter ces difficultés, quand nous avons besoin du concours des capitaux étrangers.

L'explication de la différence d'intérêt entre deux pays qui ont le même étalon est également facile : ce qu'il faut considérer, c'est le coût de l'envoi et du renvoi du numéraire d'un pays à l'autre : ce coût étant réduit au minimum entre Paris et Londres, la différence du taux de l'intérêt entre les deux pays ne peut jamais être grande ; mais le profit à en retirer ne portant en général que sur trois mois, et se réduisant ainsi à un quart de la différence d'intérêt, la plus petite dépense devient un grand obstacle.

Ceci explique pourquoi une élévation faible du taux de l'intérêt ne suffit pas pour amener l'or du continent.

N° 3.

Conclusion de l'article Bullim-Report du *Dictionnaire d'Économie politique* de M. Macleod, p. 309.

N. B. M. Macleod, que citent les auteurs des brochures, est l'adversaire des restrictions de la loi de 1844, mais le partisan le plus chaud de l'élévation du taux de l'escompte quand les métaux précieux sortent du pays.

ÉLÉVATION DU TAUX DE L'INTÉRÊT.

Les principes suivants n'ont pas seulement été ceux du *Bullim-Report,* mais ils ont été adoptés par les hommes les plus éminents et les plus autorisés du temps, et notamment par les auteurs de l'acte de 1819. Nous croyons qu'ils contiennent les véritables règles de la matière, à savoir :

I. — Qu'il se produit, à certaines époques, des crises commerciales, dont le vrai remède est une satisfaction plus large à donner aux besoins.

II. — Qu'à de telles époques, une limitation absolue des émissions de la Banque aggrave la crise, et conduit même à une ruine universelle, si le système est maintenu pendant un certain temps.

III. — Que ce n'est pas d'après le montant numérique des billets en circulation qu'on peut juger absolument qu'il y a excès.

IV. — *Que le vrai criterium du papier de crédit doit être dans l'état des changes étrangers et dans le prix de l'or.*

V. — Nous avons montré que c'est surtout pour avoir méconnu cette dernière loi qu'on a amené une des plus terribles crises qu'ait subies ce pays.

VI. — *Que le vrai frein à la circulation du papier ou du crédit se trouve dans le* TAUX DE L'ESCOMPTE, *qui doit être fixé en raison de l'état des changes étrangers.* Nous avons démontré au mot *escompte*, par des preuves historiques abondantes, que ce moyen a une action, et qu'il est efficace.

La véritable erreur de la Banque a toujours été, tentée qu'elle était par le désir de faire de gros profits, *de laisser tomber trop bas sa réserve en or, de manière à faire courir des dangers à la convertibilité des billets.* Confiante dans son capital énorme et bien connu, elle a cru que personne ne pourrait jamais douter de sa solvabilité, et que dès lors ses émissions ne pouvaient pas se déprécier. En conséquence elle n'a jamais pris les mesures propres *à arrêter, dès l'origine, le retrait des espèces, et cela à cause de l'impopularité de ces mesures dans le monde commercial, avec lequel elle a des rapports si étroits.*

Il est parfaitement admis maintenant, par quiconque a les moindres connaissances de la matière, que la vraie méthode pour arrêter une sortie de numéraire est l'*élévation du taux de l'escompte. On n'arrête pas seulement ainsi l'exportation, mais on met un frein à une expansion inopportune du système de crédit à l'intérieur.*

(Macleod, *Dictionnaire d'Économie politique*, article *Crises commerciales*, page 645.)

N° 4.

Extrait d'une brochure publiée par lord ASHBURTON (M. BARING) en 1847.

CRISE DE 1825. — RÉÉMISSION DES BILLETS DE 1 L. S. PETITES COUPURES DES BILLETS DE BANQUE.

En 1825, des spéculations de la nature la plus hasardeuse, aidées, car on ne peut pas aller jusqu'à dire engendrées, par la facilité des banques, eurent pour conséquence l'ébranlement général du crédit; celui de la Banque d'Angleterre resta seul entier. Les banques particulières à Londres et dans la province succombèrent en grand nombre, et la panique, conséquence naturelle d'un pareil état de choses, produisit de la part des détenteurs de billets à vue ou des dépositaires en comptes courants des demandes en remboursement vis-à-vis des établissements les plus riches et les plus solides.

Cette alarme soudaine suspendant toute circulation fiduciaire, tous les banquiers de province furent forcés de recourir à la Banque d'Angleterre pour se procurer des souverains. Cela ne se fit pas sans de grands sacrifices, mais un banquier ne peut pas payer trop cher le maintien absolu de son crédit.

L'or de la Banque disparut, à quelques mille livres sterling près. La suspension des paiements en espèces paraissait inévitable.

Dans une conférence entre lord Liverpool, M. Huskisson, le gouverneur de la Banque et moi, il fut reconnu que le crédit de la Banque d'Angleterre était intact, que l'or n'était pas demandé pour l'exportation que l'état des changes rendait impossible ; on n'avait à craindre aucune dépréciation des billets de la Banque d'Angleterre ; la crise était tout à fait limitée à l'Angleterre ; ce dont on avait besoin, c'était quelque chose que chacun acceptât avec confiance, en remplacement de ce dont chacun se défiait ; dans une pareille situation, le papier de la Banque d'Angleterre remplissait le but aussi bien, mieux même que l'or, par la facilité de le transporter partout où l'on en avait besoin.

Le remède au mal était donc clair et nous l'adoptâmes tous d'accord. Quoique la Banque n'eût plus d'espèces dans ses caisses, on augmenta largement l'émission de ses billets et à peu près 40,000,000 fr. de billets de 25 fr., qui par hasard existaient encore, furent mis en circulation : le soulagement fut immédiat ; le pays accepta une circulation fiduciaire dans laquelle chacun avait une entière confiance, et l'on rendit à la Banque l'or dont on n'avait pas besoin. La circulation des billets fut portée de £ 19,748,000 en décembre 1825 à £ 24,478,000 en mars 1826, et retomba avant la fin de l'année à £ 19,951,000, et pendant tout ce temps le numéraire s'accumulait dans les caisses de la Banque, en même temps que la circulation des billets augmentait [1].

1. Lord Ashburton, adversaire des restrictions de la loi de 1844,

Il est à peine nécessaire de s'étendre sur les propositions, émanées de personnes de peu d'autorité, de revenir en Angleterre à l'émission de billets au-dessous de £ 5 (125 fr.). Je ne vois pas que, pour nos énormes transactions, nous puissions recevoir le moindre soulagement d'aussi minces expédients; cette mesure tendrait à chasser l'or de la circulation et à le confiner dans les coffres de la Banque ; elle apporterait peu de soulagement dans la circulation de nos millions, tandis qu'elle faciliterait singulièrement les opérations des faussaires. Ce serait seulement pendant une suspension totale des payements en espèces qu'on aurait besoin de petits billets, mais ils seraient indispensables dans le cas d'une aussi grande calamité.

N° 5.

Extrait des *Principes d'Économie politique*.

M. JOHN STUART MILL.

ÉLÉVATION DU TAUX DE L'INTÉRÊT DE L'ESCOMPTE.

L'élévation des prix, produite par une extension du crédit, même quand les billets de banque n'en ont pas été l'instrument, n'en a pas moins pour effet (si elle dure quelque temps) de rendre les changes défavorables; et quand, par

cite ces faits pour prouver qu'il peut y avoir des cas tout à fait exceptionnels où ces restrictions empêcheraient de remédier au mal. Avec une seule banque d'émission, la crise monétaire de 1825 ne serait pas arrivée.

cette cause, ils ont tourné contre nous, on ne peut y remédier et arrêter la sortie de l'or que par une baisse des prix, ou par l'élévation du taux de l'intérêt.

Une baisse des prix l'arrêtera, en faisant disparaître la cause qui l'a produite, et en faisant des marchandises une remise plus avantageuse que l'or même pour payer les dettes contractées antérieurement.

Une élévation du taux de l'intérêt, et la baisse du prix des valeurs, qui en est la conséquence, amèneront le résultat désiré encore plus rapidement, en empêchant les étrangers d'emporter l'or qui leur est dû et en les engageant, non-seulement à en faire le placement dans le pays, mais même à y envoyer de l'or pour profiter du taux élevé de l'intérêt. L'année 1847 a fourni des exemples frappants de la puissance de ce mode d'arrêter la sortie de l'or.

Jusqu'à ce que l'un de ces deux faits se produise, la baisse des prix, ou la hausse du taux de l'intérêt, rien ne peut arrêter ou même diminuer la sortie de l'or. Mais ni l'un ni l'autre de ces faits ne peut se produire, aussi longtemps qu'en continuant leurs avances les banquiers maintiennent l'expansion exagérée du crédit. On sait que, lorsque l'or commence à être exporté, c'est sur les billets de banque que le resserrement se produit d'abord, même si l'émission n'en a pas augmenté, et cela, parce que c'est de la Banque d'Angleterre qu'on obtient, en échange de ses billets, l'or à envoyer au dehors. Sous le régime du système antérieur à 1844, la Banque d'Angleterre étant, comme les autres Banques, soumise aux pressantes demandes de nouvelles avances, qui se produisent toujours dans ces circonstances, avait le pouvoir, dont elle faisait souvent usage, d'émettre de nouveau les billets qu'elle avait remboursés en or; aussi longtemps qu'elle agissait ainsi, la sortie de l'or ne pouvait pas s'arrêter, puisque tant qu'elle faisait de nouvelles avances, les prix ne pouvaient pas baisser, l'intérêt ne pouvait pas s'élever. Les prix ayant monté par une extension du crédit, la réduction du crédit pouvait seule les faire baisser. L'or continua donc à sortir rapidement, jusqu'au moment où il en resta si peu que la Banque d'Angleterre, en danger de suspendre ses payements, fut enfin obligée de réduire ses escomptes si soudainement et dans une proportion si grande, qu'il en résulta une beaucoup plus grande variation dans le taux de l'intérêt, des pertes et une détresse beaucoup plus grandes pour les particuliers, et une destruction beaucoup plus étendue du crédit ordinaire du pays, que cela n'était nécessaire en réalité.

Extrait des *Principes d'Économie politique*, p. 15.

JOHN STUART MILL.

RAPPORT ENTRE LA QUANTITÉ DE MONNAIE EN CIRCULATION ET LE PRIX DES MARCHANDISES.

Supposons qu'à chaque livre sterling, chaque schelling, chaque denier, en la possession de chacun de nous, vienne s'ajouter tout à coup une autre livre sterling, un autre schelling, un autre denier : il y aurait accroissement de la demande de marchandises en échange de monnaie, par conséquent augmentation de la valeur en monnaie, élévation du prix de toutes choses. Cette augmentation de valeur ne profiterait à personne. La seule différence serait qu'on aurait à supputer en plus grand nombre les livres sterling, les schellings, les deniers. Il n'y aurait augmentation des valeurs qu'en ce qui toucherait leur estimation en monnaie, dont on n'a besoin que pour l'achat d'autres choses, augmentation qui ne mettrait personne en mesure d'acheter de plus grandes quantités qu'avant. Les prix s'élèveraient dans une certaine proportion, et la valeur de la monnaie serait réduite dans la même proportion.

Il est à remarquer que cette proportion serait exactement celle dans laquelle la monnaie aurait été augmentée. Si la monnaie en circulation était doublée, les prix seraient doublés. Les prix ne monteraient que d'un quart, si l'augmentation de la monnaie était d'un quart seulement. Il y aurait en plus un quart de monnaie dont la totalité serait employée à acheter des marchandises d'une espèce ou d'une autre; et quand il se serait passé un temps suffisant pour que cette augmentation de monnaie pût atteindre tous les marchés, pénétrer, suivant une métaphore reçue, tous les canaux de la circulation, tous les prix se seraient de fait élevés d'un quart.

Le même effet se produirait sur les prix, si nous supposons une diminution des marchandises, au lieu d'une augmentation de la monnaie; et l'effet serait contraire, si les marchandises augmentaient ou que la monnaie diminuât : s'il y avait moins de monnaie dans les mains du public, et la même quantité de marchandises à vendre, on donnerait moins de monnaie en échange, et elles se vendraient à des prix plus bas, et plus bas dans la proportion exacte de la diminution de la monnaie. La valeur de la monnaie, toutes autres choses restant les mêmes, varie en raison inverse de sa quantité; toute augmentation de quantité diminue la valeur, toute diminution l'augmente dans une proportion tout à fait égale. C'est là, il faut le remarquer, une propriété particulière à la monnaie.

N° 6.

Extraits des *Lettres sur l'Amérique du Nord*, publiées en 1836
par M. Michel Chevalier.

..... Je crois plus important pour aujourd'hui de vous entretenir du rôle qu'a joué la Banque des États-Unis depuis sa fondation, et des causes qui lui ont attiré la masse de haine et de défiance sur laquelle s'appuie le général Jackson.

..... Les banques abusant de la faculté d'émettre des billets, c'est-à-dire de prêter, les particuliers abusaient de celle d'emprunter. De là de folles spéculations, et par conséquent des pertes pour le prêteur et l'emprunteur. Les banques dissimulaient les leurs par de nouvelles émissions de papier, les particuliers par de nouveaux emprunts. Mais, de part et d'autre, l'on ne reculait que pour mieux sauter. Il y eut beaucoup de faillites de spéculateurs; il y eut quelques faillites de banques. Celles-ci excitèrent l'indignation publique sans corriger personne. Les travailleurs honnêtes et modestes, les cultivateurs et les ouvriers (farmers and mechanics), qui se trouvaient, en dernière analyse, les dupes des agioteurs, puisque par la dépréciation du papier-monnaie, qu'ils avaient accepté comme argent comptant, ils supportaient une part des pertes sans avoir participé aux bénéfices, c'est-à-dire aux dividendes, conçurent une haine violente contre le Banking-System. A cette cause spéciale d'antipathie se joignait cette aversion qu'on retrouve en Europe et partout chez les gens à habitudes rangées, gagnant peu à peu par un rude travail, mais gagnant régulièrement, contre ceux qui sont impatients de faire fortune, qui la font par tous les moyens pour la gaspiller au sein d'un luxe effréné et par des entreprises folles, plus vite encore qu'ils ne l'ont acquise. Il y avait encore la jalousie de la simplicité contre l'adresse, de la naïveté contre la finesse, des intelligences lentes et lourdes contre la pénétration d'autrui. Il y avait enfin cette défiance ombrageuse contre toute influence qui s'élève, contre tout pouvoir qui aspire à prendre racine, défiance qui est essentielle à l'Américain, et qui est l'origine, l'explication et la sauvegarde de ses institutions républicaines. Bref, en 1811, quand l'ancienne Banque des États-Unis, qui était un établissement de taille bien moindre que la Banque actuelle, demanda au Congrès le renouvellement de sa charte, on fit un appel aux farmers et aux mechanics; on évoqua devant eux, comme on le fait aujourd'hui, le fantôme de cette aristocratie nouvelle, la pire de toutes, l'aristocratie d'argent. Le renouvellement de sa charte lui fut refusé.

..... A la paix, en 1815, les banques furent hors d'état de reprendre les payements en espèces. Le régime du papier-monnaie inéchangeable continua. Qu'on se figure alors deux cent quarante-six papiers-monnaie, circulant les uns à côté des autres, ayant tous des valeurs inégales selon la renommée plus ou moins passable de la banque d'où ils provenaient, perdant ceux-ci 20, ceux-là 30, d'autres 50 pour 100. L'or et l'argent avaient complétement disparu. Il n'y avait plus de prix ni d'évaluation possibles. La masse des billets en circulation s'était accrue outre mesure. Au papier-monnaie des banques s'ajoutait une masse de petites obligations individuelles de plus mauvais aloi encore, que de simples particuliers émettaient au fur et à mesure de leurs besoins, et qui passaient de main en main tant bien que mal dans leur voisinage. C'était une effroyable confusion, une Babel, où toute transaction était impraticable, faute de moyen de s'entendre.

L'on sentit alors que, pour rétablir l'ordre au sein de ce chaos, il fallait une puissance régulatrice capable de commander la confiance, assez en fonds pour reprendre largement le paiement en espèces, et dont la présence et au besoin l'autorité rappelassent à tout instant les banques locales à leurs devoirs. En 1816, la Banque actuelle des États-Unis fut donc autorisée par le Congrès pour vingt ans, avec un capital de 35 millions de doll. (187 millions de fr.). Elle entra en opération le 1er janvier 1817. Son siége principal est à Philadelphie; elle a vingt-cinq succursales répandues sur le territoire de l'Union.

Par son intervention, et avec son secours, dès le 20 février 1817, le payement en espèces fut repris aux banques de New-York, de Philadelphie, de Baltimore, de Richmond, de Norfolk. Peu à peu, et de proche en proche, toutes les banques de l'Union durent faire le même pas. Cette reprise de paiements en espèces fut, pour les banques d'abord, et pour les particuliers ensuite, le signal, l'occasion, l'ordre d'une liquidation générale du passé. Comme il y avait eu beaucoup de prodigalités, de spéculations malheureuses, de pertes sèches, successivement accumulées depuis vingt ans, ce devait être et ce fut une débâcle. Un grand nombre de banques firent faillite ou suspendirent totalement leurs opérations. De 1811 à 1830, cent soixante-cinq banques se sont trouvées dans l'un ou l'autre cas.

Cette liquidation dura trois ans; ce furent trois ans de crise, trois ans de torture pour l'industrie, c'est-à-dire pou le peuple des États-Unis, car cette nation est identifiée avec son commerce. Les malheurs de cette époque ont laissé de profonds souvenirs. La haine des spéculateurs et du Banking-System s'est enracinée au cœur des masses, et se soulève aujourd'hui contre la Banque des États-Unis qui, aux yeux du grand nombre, représente le système, quoiqu'elle soit innocente du mal, et qu'elle ait seule la puissance d'en prévenir le retour.

L'antipathie du plus grand nombre contre les banques a donc une raison d'existence, mais elle n'en est pas moins aveugle et injuste.

..... Le mal radical a été guéri du jour où la Banque des États-Unis a été définitivement constituée.

..... L'équilibre est tout à fait rompu. Il n'y a de garantie aux États-Unis contre les caprices populaires que dans le bon sens du peuple mieux informé. Il faut dire qu'ici ce bon sens est admirable en masse, mais il n'est pas infaillible. L'autocratie populaire est facile à égarer par les flatteurs comme toute autocratie..... La Banque des États-Unis en fait aujourd'hui l'expérience. Je vous ai exposé déjà quelques-uns des abus criants qui ont attiré une haine violente au régime des banques en général, quoique, sans les banques, il eût été impossible aux États-Unis de s'étendre, ainsi qu'ils l'ont fait, en population, en territoire, en richesses. Ces abus étaient et sont le fait des banques locales et non celui de la Mammoth-Bank. Celle-ci, au contraire, par le contrôle qu'elle exerce sur les banques locales, dans l'intérêt de sa propre conservation, met un frein à ces abus et les limite, si elle ne les réprime pas.

..... Dans les banques locales, et notamment hors des grandes villes, le but de tous les efforts du président et des directeurs est de grossir à tout prix, quoi qu'il puisse en résulter pour l'avenir, le dividende du semestre qui va échoir. En exagérant leurs opérations, ils peuvent, si la confiance publique s'ébranle, se trouver acculés à la faillite;

mais aux États-Unis c'est un malheur dont la perspective n'est pas à beaucoup près aussi effrayante pour le plus grand nombre des négociants, et même des compagnies secondaires, qu'elle l'est pour une compagnie ou pour un négociant d'Europe. Ici l'on en prend aisément son parti. Quand une faillite de banque arrive, il y a une vive clameur, parce que le nombre des victimes est considérable et qu'il y en a dans toutes les classes ; car le plus grand nombre des billets étant de 5 doll. (26 fr. 67 c.) et au-dessous, ces billets sont très-disséminés et entre les mains de l'ouvrier comme entre celles du bourgeois.

..... Au contraire, la Banque des États-Unis, gouvernée par des hommes ayant des positions acquises et jouissant de la considération publique, liée d'affaires avec les plus puissantes maisons de l'Europe, chargée d'une responsabilité immense, surveillée officiellement par le gouvernement fédéral, qui nomme cinq directeurs sur vingt-quatre, et officieusement par une armée de journalistes, est intéressée et obligée à suivre une autre ligne. Ce n'est pas qu'elle n'ait commis des fautes à l'origine, mais elle les a payées cher, et n'y est plus revenue.

..... Ainsi, il arrive qu'au moment même où le ministère de la Réforme étend les priviléges de la Banque d'Angleterre, aux applaudissements de toute l'Europe, il y a ici une masse compacte où les hommes éclairés ne sont pas en majorité, mais où il s'en trouve plusieurs, qui veut frapper à mort un établissement analogue, éprouvé par de longs services. Ainsi, tandis que l'un des plus grands bienfaits, le plus grand peut-être sous le rapport industriel, que la France pût recevoir, consisterait dans la création d'un système de banques liées entre elles, comme les vingt-cinq branches de la Banque des États-Unis le sont par la Mère-Banque de Philadelphie, l'Amérique va peut-être voir, sinon mourir, du moins s'effacer pour quelques années, cette institution féconde, sans qu'il doive en résulter, pour l'administration qui s'est vouée à cette œuvre de destruction déplorable, une perte immédiate de popularité.

..... La proportion des métaux or et argent, dont nous avons excès en France, est ici extrêmement bornée. Dans beaucoup d'États, entre autres dans celui de New-York, il y a une énorme quantité de billets de banque d'un dollar (5 fr. 33 c.), deux dollars, trois dollars. Dans la Caroline du Sud il y en a de 25 cents (1 fr. 33 c.), et même de 12 1/1 cents (67 c.). En Pensylvanie, en Virginie et ailleurs, il n'y en a pas au-dessous de cinq dollars. La Banque des États-Unis n'en émet pas au-dessous de ce dernier chiffre. Mais c'est un minimum trop bas. La plupart des économistes, et surtout ceux d'Angleterre, proclament comme un axiome que la monnaie à l'état le plus parfait, c'est du papier. Cela est vrai, en supposant un peuple chez qui toute perturbation industrielle, par suite ou par prévision de guerre, par fausse spéculation, par encombrement ou par panique, soit impossible. Dans ce pays de Cocagne, dans ce paradis terrestre, une inaltérable confiance présiderait à toutes les transactions et consoliderait tous les intérêts. Les métaux n'y serviraient qu'à frapper des médailles et à graver des inscriptions destinées à conserver le souvenir de cette ineffable béatitude. Le papier y serait prisé à l'égal de l'or, et même plus, ainsi que quelques écrivains anglais ont prétendu que cela devait être. Je ne sais s'il existera jamais un peuple dans cette condition de prospérité céleste. J'en doute, parce que dans le monde financier comme dans le monde des passions, je tiens le fleuve de Tendre pour une fable et les idylles pour un jeu d'esprit; mais ce qui est évident, c'est qu'un tel peuple n'existe pas aujourd'hui et qu'il n'existera pas de quelque temps encore. Or, aux États-Unis, le système de banques maintenant en activité, comme celui qui a été en vigueur en Angleterre, de 1797 à 1821 et même à 1825, repose sur cette théorie de la monnaie parfaite. Il est stipulé, à la vérité, que les banques donneront à volonté de l'or en échange de leur papier; mais à côté de cette clause, qui tend à faire rester dans le pays une certaine quantité de métaux, on en a mis une autre qui la neutralise, c'est la faculté d'émettre des billets en quantité illimitée, et d'un calibre de 1 ou de 2, 3, 5 dollars. Dans les moments où les affaires sont prospères, l'émission du papier est abondante, indéfinie. Comme alors, en raison de la confiance qui règne, la nécessité d'un gage métallique ne se fait pas sentir, le métal fuit devant l'excès de papier; il est exporté pour acquitter des balances, et aussi par spéculation, car alors il y a souvent avantage à le vendre comme lingot en Europe ou en Asie. Il en reste à peine dans le pays. Aussi, depuis que je suis aux États-Unis, je n'y ai pas vu une pièce d'or, si ce n'est sous les balanciers de la Monnaie. A peine frappé, l'or est embarqué pour l'Europe et refondu. Lorsqu'une crise survient, la demande des métaux précieux augmente rapidement, soit parce que chacun alors attache plus de prix à un gage positif, soit parce que les Banques qui ne se sentent pas solides retirent leur papier, et qu'il résulte bientôt de ce retrait insuffisance d'instruments de circulation; et comme la situation géographique du pays ne permet pas de suppléer vite à ce besoin de métaux, la crise se prolonge et devient sérieuse.

N° 7.

CHAMBRE DES DÉPUTÉS. — Séance du 8 février 1847.

Extrait du discours de M. LEDRU-ROLLIN.

M. LEDRU-ROLLIN. Pour appeler l'argent dans ses coffres, sans doute, elle a augmenté de 1 p. 100 l'intérêt de l'escompte, elle a porté de 1 à 5 l'intérêt du prêt sur matières ; enfin, elle a emprunté, dit-on, 20 millions à l'Angleterre.

J'examinerai tout à l'heure, avec toute la gravité qu'elles comportent, ces trois mesures, et je crains bien que vous ne pensiez avec moi que la Banque a nui énormément au commerce, bien loin de le servir.

..... Savez-vous en effet, Messieurs, quand la Banque a été autorisée à escompter à 5? Un rapport au tribunat nous l'apprend : c'est en l'an II, quand le taux commercial était à 36, à 32 p. 100 par an. (*Sensation.*) Or, je demande si, quand chez nous le crédit a fait de tels progrès, il peut être permis à la Banque de France, pour remédier à un manque de numéraire qu'elle a laissé arriver elle-même, de revenir ux errements de l'an II ?

..... Le prétendu emprunt de 20 millions de numéraire fait par la Banque de France à la Banque de Londres, je n'en dis qu'un mot : il me paraît honteux. Non, on ne me fera jamais comprendre comment, dans un pays qui, malgré toutes les dilapidations, possède encore plus de 3 milliards de numéraire, on est obligé d'avoir recours à l'étranger pour demander l'aumône de 20 millions de francs, quand, en quelques jours, la Banque, moyennant 150,000 fr. de frais de port, pouvait appeler à elle plus de 100 millions de nos départements. Les moyens de détail ne manquent pas, ils abondent, l'homme le moins expérimenté peut les indiquer.

Telles sont, Messieurs, les déplorables conditions auxquelles la Banque a réduit le commerce, les uns disent par impéritie, les autres disent par intérêt.

N° 8.

Chambre des Députés. — Séance des 8 et 9 février 1847.

M. Mauguin. A cette époque il n'eût pas même eu besoin d'aller si haut : s'il eût porté l'intérêt à 4 p. 100, tous les métaux de Paris, tous les capitaux disponibles seraient allés les chercher et les trouver. Il avait ses receveurs généraux ; il pouvait leur envoyer des bons du trésor et les charger de les placer dans les provinces ; il eût recueilli toutes les espèces métalliques qui y abondent ; on les aurait envoyées à Paris, la Banque en aurait eu, le trésor en aurait eu également pour ses besoins ; nous n'aurions pas eu l'affront d'un emprunt en métaux fait à l'étranger, lorsque de tout temps la France a passé pour le pays le plus riche en métaux et en espèces métalliques.

..... Pourquoi rehausser le taux de l'intérêt ? Ce n'est pas pour empêcher les métaux de s'échapper de ses caisses : l'élévation du taux de l'intérêt n'aurait pas eu ce résultat.

Mais elle a voulu restreindre ses escomptes. Quand elle escomptait, par exemple, 500 millions à 4, son produit annuel était de 20 millions. Maintenant elle veut restreindre ses escomptes ; elle veut seulement escompter 400 millions, mais à 5. Le produit annuel sera toujours 20 millions. Dès lors, c'est dans l'intérêt de ses actionnaires qu'elle a rehaussé le taux de l'escompte ; c'est afin qu'ils n'eussent pas à perdre sur l'accomplissement de la seconde condition, la restriction des escomptes.

..... Il faut maintenant faire ressortir les conséquences qui résultent des faits que je viens de développer :

La première, c'est que la Banque a violé les statuts ; elle a manqué à la loi du contrôle, et il y aura lieu de revoir la loi sur la Banque ; la Chambre pourra le faire quand elle le voudra, elle est maintenant dégagée de toute obligation envers l'administration ; les actionnaires de la Banque n'ont pas rempli les conditions sous lesquelles le privilége leur avait été accordé. Il faut remarquer que la loi sur la Banque est la plus funeste qui ait été rendue depuis 1830 ; elle a arrêté le mouvement de prospérité partout. Cette loi est donc à revoir. J'ai entendu dire qu'il y avait quelque projet de l'améliorer. On a le droit de profiter des circonstances et d'agir comme on voudra, de créer une banque, si l'on veut.

..... Nous aurions moins à nous occuper de ces questions, si à cette surélévation de l'intérêt, si à cette difficulté que le crédit ressent, tout le monde n'éprouvait que des pertes ; mais il faut bien remarquer que les capitalistes sont organisés de telle manière que dans les temps d'abondance ils font d'amples récoltes par la sécurité et par le nombre des affaires, mais que dans les temps de crise ils font des récoltes encore plus amples par l'intérêt qu'ils exigent et par le prix des capitaux, de telle sorte que ces crises pourraient bien quelquefois n'être pas toujours accidentelles, mais qu'il pourrait y avoir, je ne dis pas qu'il y ait jamais eu, qu'il pourrait y avoir des coalitions de capitalistes comme il y a des coalitions pour d'autres industries. La Chambre doit avoir les yeux sur des événements pareils, qui sont possibles, qui ont pu ne pas arriver encore, mais qui peuvent arriver un jour. Il serait même possible que ce fût à cette coalition de capitalistes qu'on dût ces crises qui, tous les cinq à six ans, viennent affliger le commerce. Ces crises, si vous le remarquez bien, s'unissent toujours par une espèce de razzia que les capitaux exercent sur toutes les économies du commerce secondaire. Le commerce secondaire a travaillé pendant six ou huit ans; il a fait ses économies. Arrive un instant de prospérité, il s'enivre comme tant d'autres; il croit pouvoir acheter du papier, des actions de chemin de fer ou autres. La baisse arrive, quelquefois sans motif; l'effroi se met partout, les capitalistes surviennent, et les capitalistes trouvent un lucre considérable au milieu de la détresse générale.

Séance du mardi 9 février 1847.

M. Mauguin. Mais ce n'est pas tout, ce n'est pas là le fait principal. Les 68 millions qu'elle avait dans sa caisse n'étaient pas à elle; ces 63 millions pouvaient être retirés à chaque jour; elle savait qu'ils pouvaient lui être retirés. Sur ces 63 millions, il y avait 54 millions au trésor; le trésor pouvait avoir besoin de retirer ces 54 millions, et si ces 54 millions eussent été retirés, la Banque se serait trouvée avec 9 millions de francs dans ses coffres; avec ces 9 millions, elle n'aurait pas pu subvenir aux remboursements, aux échanges demandés, et il y aurait eu alors dans Paris un désastre véritable ; toutes les fortunes en auraient été un moment ébranlées.

C'est sur ce danger que j'appelle votre attention ; il est passé, il ne peut pas se reproduire ; c'est pour qu'il ne se reproduise pas que je vous en parle. (*Interruption.*)

.....On lui a fait ce cadeau ; sous quelle condition ? C'est que l'État en profiterait, parce que cela mettrait dans la circulation des capitaux de plus, en même temps, comme je vais le dire, que cela ferait baisser le taux de l'intérêt. Sous quelle condition en outre ? C'est que les capitaux créés par l'effet de la loi, par l'effet de la munificence de l'État, c'est-à-dire ce papier imprimé et signé par la Banque, seraient solides, qu'ils ne courraient aucun danger, qu'ils seraient toujours garantis par un dépôt d'écus dans les caisses de la Banque.

La Banque n'a pas voulu de ce dépôt d'écus. Au lieu de les avoir et de les garder comme garantie de ses effets, elle a placé ces écus en rentes sur l'État ; elle a retiré par là un double bénéfice ; de ces rentes, elle a retiré 3 ou 4 millions par an..... La Banque a dit : « Il nous faut des capitaux ; que ferons-nous ? Devons-nous emprunter, élever le taux de l'intérêt ? Que faut-il faire ? »

On lui a répondu : « Empruntez ! » — « Où cela ? » — « En Angleterre ; c'est le seul pays qui ait des capitaux ! » — « Mais, disaient d'autres, si vous ne réussissez pas, si on ne veut pas vous prêter, c'est un échec ; si on vous prête, on vous fera payer très-cher ; c'est une perte, il ne faut pas emprunter. Rehaussez le taux de l'intérêt ! » — « Pourquoi faire ? Le commerce a ses besoins ; il nous prendra autant d'argent à 5 qu'il nous en prend à 4. Cela ne diminuera pas les besoins du numéraire ! » — « Savez-vous ce qu'il faut faire ? disait-on encore. Vous avez 70 millions de rentes sur l'État, vendez vos 70 millions de rentes, réintégrez le capital dans la caisse de la Banque, réintégrez-le en écus. »

On a objecté : « Mais, si l'on vend les 70 millions de rentes, il va en résulter une baisse sur le marché, la rente fléchira de 20 sous, de 30 sous, mais par là même elle deviendra à plus bas prix, elle attirera à elle tous les capitaux de l'Europe ; lorsque d'Allemagne on verra que la rente en France a baissé, les capitaux allemands viendront en France ; quand en Angleterre on saura que la rente en France a baissé, comme on saura que ce n'est qu'un accident, les capitaux anglais viendront en France. Alors vous aurez des capitaux, vous aurez des métaux, vous aurez de quoi faire face au paiement de vos billets ; vous vous tirerez alors d'embarras ; la place ne s'apercevra pas même que vous l'avez compromise ! »

On n'a pas voulu de ce conseil, on n'en a pas voulu par une raison bien simple : c'est que, en vendant les rentes, on perdait l'intérêt de ces rentes, et qu'on s'exposait à ne pas donner autant de dividende aux actionnaires.

..... J'ai parlé de la question de l'intérêt. En rehaussant l'intérêt, on n'a fait autre chose qu'affliger le petit commerce, on n'a fait autre chose que prélever sur le travail un impôt de plus ; et il faut bien remarquer que les impôts qui sont prélevés sur le travail, et le travail c'est tout l'État, ne sont pas seulement ceux qui sont perçus au profit du trésor, ceux-là sont les plus justes : nous pouvons réclamer contre les impôts perçus au profit du trésor, parce qu'il y a là des économies à faire ; mais il y a des impôts doubles et triples qui sont levés au profit de certaines industries ; et ici ne craignez pas que j'entre dans la discussion d'une thèse qui est agitée depuis quelque temps. Non ! Mais je dis qu'il y a des impôts doubles et triples, notamment ceux qui sont perçus au profit des capitaux.

Si, par exemple, l'intérêt est à 3 0/0, pourquoi le porter à 5? S'il est à 5, pourquoi le porter à 6? Évidemment, si l'argent est porté à 5 ou 6 lorsqu'il pourrait être donné à 3, c'est un impôt qui tourne au préjudice du travail; c'est le travail qui paye. Les capitalistes ont donc les moyens d'élever un impôt sur le travail public. C'est à nous de voir jusqu'à quel point on doit leur laisser un tel droit.

Lorsque la Banque a porté son intérêt à 5, quel était son motif? Retenir l'argent dans ses caisses? Non, elle n'y parviendra pas. On le lui a dit, ce n'est pas le moyen, parce qu'on lui prendra autant d'argent à 5 0/0 qu'on lui en prenait à 4; seulement ceux qui ne payaient que 4 seront obligés de payer 5. Voilà toute la différence. La Banque a trouvé à cela un seul avantage: c'est de faire payer des capitaux 5 au lieu de 4, c'est-à-dire d'augmenter ses revenus.

N° 9.

Chambre des Députés. — Séance du 9 février 1847.

Discours de M. Léon Faucher.

M. Léon Faucher. Messieurs, ce qui m'appelle à cette tribune, malgré l'inexpérience que j'y apporte, c'est l'optimisme que professait hier et que professe encore aujourd'hui M. le ministre des finances. Cet optimisme m'inquiète, messieurs, et comme je le crois partagé par le cabinet tout entier, je le considère comme le principal danger de la situation. Un grand peuple peut faire face aux difficultés en s'appuyant sur son énergie et en déployant ses ressources. Mais c'est à la condition de se sentir aidé, de se sentir dirigé par son gouvernement. Lorsque le gouvernement, au lieu de prévoir les difficultés, de s'y préparer et d'y faire face, reste dans l'inaction, l'inquiétude descend dans les esprits, et quand cette inquiétude se prolonge, elle peut devenir le signal du désordre.

Notre situation financière est caractérisée par trois faits principaux : la dépréciation des valeurs industrielles, l'exportation des espèces métalliques, enfin l'accroissement des découverts dans le budget.

Je vais essayer de dire en peu de mots quelle est, à mon avis, l'influence qu'a exercée sur la marche de ces trois faits la conduite du gouvernement.

Messieurs, l'enivrement qu'a suscité cette multitude d'entreprises de chemins de fer a été partagé à peu près par tout le monde; mais le gouvernement, qui a l'ensemble des faits sociaux sous les yeux, devait se défendre de ces illusions; il sait à quelle somme s'élève chaque année l'accumulation des épargnes du pays, et il devait calculer, dans un juste rapport avec la somme de ces épargnes, celles des entreprises qu'il jetait sur le marché.

C'est, Messieurs, ce qu'il n'a pas fait; et qu'en est-il résulté? C'est que ces valeurs, après avoir flotté un moment dans l'espace, ont fini par fondre sur la place et par la couvrir de débris. Vous avez voté des projets qui ne sont plus que des chiffons de papier; plusieurs entreprises de chemins de fer, pour lesquelles vous avez rendu des lois, ne seront pas exécutées.

Quant à moi, je n'hésite pas à rejeter sur le gouvernement la responsabilité de la plus grande partie de ces désastres.

Venons maintenant à la Banque et aux mesures qu'elles a prises pour arrêter l'exportation du numéraire.

Je sais, Messieurs, que le gouvernement n'est pas directement responsable des actes de la Banque de France; je le sais et je le dis, quoique M. le ministre des finances, en prenant tout à l'heure la défense absolue des actes de ce grand établissement, ait paru s'y associer.

Mais, Messieurs, si le gouvernement n'est pas directement responsable, il a une grande part d'influence; il nomme le gouverneur et les deux sous-gouverneurs de la Banque, lesquels, à leur tour, nomment tous les employés de l'établissement. De plus, il est chargé par la loi d'une haute surveillance; il est le tuteur de la Banque : eh bien, c'est cette mission qu'à mon avis il n'a pas remplie.

En effet, Messieurs, est-ce que la Banque est arrivée tout d'un coup à la situation dans laquelle vous l'avez vue placée à la fin de décembre, situation qui l'a portée à prendre des mesures dont le commerce avec raison s'est plaint, quoiqu'en disant cela je ne veuille pas m'associer à toutes les critiques qui ont été portées à cette tribune?

Mon honorable ami M. d'Eichthal vous le disait hier, depuis le mois de mai jusqu'au mois de décembre, la réserve en espèces de la Banque a diminué de 165 millions; il vous disait en même temps, et il en faisait un argument en faveur de la Banque, qu'elle avait augmenté le secours qu'elle donne au commerce, c'est-à-dire, apparemment, ses escomptes jusqu'à concurrence de 133 millions. Eh bien, il me paraît qu'il y a dans ce fait la condamnation même de la politique que la Banque a suivie.

En effet, en matière de banque, tout le monde le sait, c'est l'usage de tous les pays, je veux dire de tous les pays civilisés où le crédit est établi, lorsqu'un établissement de crédit voit ses réserves en numéraire diminuer, de restreindre les escomptes; en tout cas, ce n'est pas le moment que l'on choisit pour les étendre. A mon avis, il y a eu une haute imprudence dans la simultanéité de ces deux faits : la diminution de la réserve métallique de la Banque de France et l'augmentation de ses escomptes.

J'ajoute que, jusque vers la moitié de 1846, la réserve métallique de la Banque de France se composait principalement des dépôts du trésor : or ces dépôts ont diminué successivement. Je vois dans le bilan publié par M. le ministre des finances au commencement d'octobre que, dès le 25 septembre, la réserve métallique de la Banque de France n'était plus que de 174 millions, et qu'elle avait diminué de 20 à 30 millions à peu près en un mois; je trouve en même temps que le compte courant du trésor n'était plus alors que de 97 millions. M. le ministre des finances, qui connaissait les besoins du trésor, était en mesure d'avertir la Banque, de lui dire qu'à la fin de décembre son compte courant descendrait à 53 millions.

Il s'est donc opéré en trois mois une diminution de 44 millions dans la réserve métallique de la Banque par le fait du trésor; et M. le ministre des finances pouvait fort bien avertir la Banque de cette éventualité et lui conseiller de se mettre en mesure.

M. le Ministre des Finances. Je ne pouvais pas prévoir les inondations de la Loire.

M. Léon Faucher. Elles n'ont fait sortir le numéraire de la Banque, pour le compte du trésor, que jusqu'à concurrence de 9 millions, et non pas de 44 millions. Il y avait des travaux publics en cours d'exécution qui nécessitaient la plus grande partie de cette dépense, et par conséquent M. le ministre avait dû la prévoir.

Si, à l'époque du mois de septembre, M. le ministre des finances avait donné à la Banque le conseil que la situation suggérait naturellement, la Banque ne se serait pas trouvée dans l'embarras; elle n'aurait pas conservé son capital tout entier, sous la forme des valeurs foncières ou des rentes sur l'État qui la frappaient d'immobilité.

Jusqu'à présent, la Banque était peut-être le seul établissement en Europe dont la réserve métallique se composât uniquement d'espèces que lui apportaient les dépositaires, soit le trésor, soit les divers établissements qui avaient un compte courant avec elle ; son capital ne figurait pour rien dans cette réserve. C'était là une haute imprudence, une imprudence déjà signalée dans cette enceinte, lors du vote de la loi sur la Banque, par l'honorable M. Dufaure, rapporteur de cette loi. L'honorable député, dont j'ai le rapport sous les yeux, ne voyait pas alors un grand danger à l'immobilisation du capital de la Banque, parce que, disait-il, si une crise se déclare, la Banque pourra toujours la prévoir à temps, et se défaire de la totalité ou d'une partie de ses rentes.

Eh bien, je dis qu'en présence de la diminution des comptes courants du trésor, qu'en présence de la diminution des espèces métalliques qu'elle avait dans ses caves, il était du devoir étroit de la Banque de vendre une partie des rentes qu'elle avait en portefeuille; si elle eût pris cette précaution, elle n'aurait pas vu son crédit ébranlé, elle n'aurait pas eu besoin d'avoir recours aux finances étrangères. A mon avis, la Banque a un autre tort, et je pense que le gouvernement aurait encore dû intervenir ici par voie de conseil.

En matière d'escompte, il y a deux systèmes : le système de l'escompte invariable et le système de l'escompte variable, qui consiste à réduire le taux de l'escompte quand l'argent abonde, et à l'élever lorsque l'argent est rare.

La Banque d'Angleterre, par exemple, fait varier son escompte depuis le taux de 2, 2 1/2 p. 100, jusqu'à celui de 6 p. 100 : ainsi, quand l'argent abonde, l'escompte est à bas prix; quand l'argent est rare, au contraire, le taux de l'escompte s'élève. Est-ce là ce qu'a fait la Banque de France jusqu'ici? Non, messieurs; elle a eu la prétention d'avoir un taux immuable d'escompte. On disait encore hier, je crois que c'est M. le ministre des finances, qu'en 1839, à une époque où l'escompte était, en Angleterre, à 6 ou 7 p. 100, la Banque de France avait continué à maintenir le taux de l'escompte à 4 p. 100; si, dans un moment où l'on payait l'escompte 6 p. 100 à l'étranger, la Banque a maintenu le taux de l'escompte à 4 p. 100, j'avoue que je ne comprends pas qu'elle ait trouvé nécessaire de l'élever à 5 p. 100 à une époque où on trouvait de l'argent sur la place à un taux moindre et où le trésor négociait, tant qu'il le voulait, ses bons à 3 p. 100. Mais, messieurs, à mon avis, la Banque, en aspirant à rendre le taux de l'escompte en quelque sorte immuable, se propose une chimère à laquelle sa propre conduite donne un démenti. A une époque où l'argent abondait, et où par conséquent l'escompte était partout à bas prix, on a beaucoup pressé la Banque de réduire le taux de l'escompte à 3 p. 100 ou à 3 1/2 p. 100; la Banque s'y est refusée en faisant valoir que, dans les années où le numéraire était rare, elle avait eu le mérite de maintenir l'escompte à 4 p. 100, et que, après avoir fait jouir le public du bon marché pendant la cherté, elle croyait être en droit de ne pas se plier à toutes les exigences du bon marché pendant l'abondance.

Je le répète, la Banque est sous l'empire d'une illusion; il est absolument impossible de maintenir l'escompte à un taux invariable; mais quand on l'élève à 5 p. 100, comme vient de le faire la Banque de France, on contracte l'engagement de le réduire lorsque le numéraire deviendra plus abondant.

. . . . . En même temps, il[1] a accompli cette grande réforme de la Banque, qui a donné à ce puissant établissement le moyen de traverser sans fléchir la crise qui vient de frapper l'Angleterre, et qui a été, il faut le dire, bien autrement grave que celle qu'on a ressentie dans ce pays.

1. Sir Robert Peel.

Au moment où la Banque de France tremblait pour l'insuffisance de sa réserve, la Banque d'Angleterre avait encore en espèces métalliques une valeur de 14 millions sterling. Eh bien, l'homme qui avait opéré ces grandes réformes est le même qui portait la hache dans la forêt des tarifs, affranchissant principalement les articles de grande consommation.

N° 10.

CHAMBRE DES DÉPUTÉS. — Séance du 22 février 1848.

Discours de M. LÉON FAUCHER sur l'organisation des Banques.

M. LÉON FAUCHER. Messieurs, j'avais entrepris, lorsque j'ai été interrompu hier par un incident dont la Chambre connaît le caractère, j'avais entrepris d'établir un parallèle impartial entre l'influence qu'exercent sur le crédit les comptoirs de la Banque de France et celle qui appartient aux banquiers départementaux.

J'avais déjà eu l'honneur de dire à la Chambre que l'institution des comptoirs présentait deux graves défauts : le premier, de ne pas reposer sur un capital indépendant de celui de la Banque de France, et de ne pas offrir, par conséquent, des garanties réelles pour des opérations qui ont pris une très-grande extension. Je rappelais que les opérations des comptoirs réunis, qui s'étendent chaque année, ont porté en 1847 sur une masse de 81 millions. J'ajoutais qu'un autre inconvénient de l'organisation actuelle de la Banque de France avait été de n'accroître que dans une proportion insignifiante la circulation du papier de banque. En effet, quoique l'accroissement de cette circulation soit de 700,000 fr. par année à peu près, l'ensemble ne s'élève pas aujourd'hui à plus de 9 millions. D'où vient cette stérilité de la circulation financière dans les villes où sont établis les comptoirs? Elle tient à plusieurs causes. Mais avant d'examiner les côtés faibles de cette institution, il ne m'en coûte pas de reconnaître les services qu'elle a rendus. Il est évident que, considérés comme des Banques d'escompte, les comptoirs de la Banque de France ont répondu à un besoin réel, et ont apporté au pays de véritables avantages. Ils ont été institués généralement dans des villes dont la population était peu considérable, où le taux de l'argent se trouvait très-élevé, et, en mettant ces villes au niveau de Paris par l'abaissement de l'intérêt, la Banque de France a établi, pour ainsi dire, sur divers points du territoire, des colonies de crédit. Quelle importation plus bienfaisante que celle-là?

Si les comptoirs de la Banque ne sont pas parvenus à faire pénétrer le papier de banque plus avant dans la circulation, cela tient à trois principales causes : d'abord l'émission du papier de banque devait rencontrer, dans les villes de second ordre, villes moins riches, moins éclairées, moins commerçantes, beaucoup plus d'obstacles que dans les grandes cités, comme Bordeaux, Lyon et Marseille. On avait à lutter contre des préjugés, contre des habitudes invétérées, contre les souvenirs encore vivants des assignats qui avaient converti en passion la préférence pour la monnaie métallique. Il y aurait là de quoi expliquer l'insuccès de la Banque centrale.

Une autre difficulté résultait de la nature spéciale du papier émis par les comptoirs. Les comptoirs jettent dans la circulation des billets qui ne sont remboursables que par celui qui les émet, au lieu de l'être dans toute la France. Il est clair qu'en limitant le rayon d'action de ces billets, on limitait en même temps la possibilité de les répandre.

La troisième cause, enfin, est la nature pour ainsi dire étrangère de cette institution.

Les comptoirs de la Banque n'ont pas de racines dans les localités qu'ils desservent ; ils n'y sont pas nés ; comme je le disais tout à l'heure, ce sont de véritables colonies de la métropole ; ils ne disposent pas de l'influence que pourrait leur apporter le concours puissant du commerce local. C'est ce qui est, je le reconnais sans difficulté, une des principales causes de leur infériorité par rapport à la circulation des Banques départementales. Sans cela on ne s'expliquerait pas que les comptoirs qui escomptent du papier pour une somme qui représente à peu près les trois cinquièmes des escomptes des Banques départementales n'aient qu'une circulation de 9 millions de francs, tandis que celles-ci ont atteint une circulation de 90 millions.

Mais à côté de ces inconvénients, les comptoirs de la Banque présentent des avantages qui leur sont propres et qui manquent aux Banques départementales. Le principal de ces avantages, c'est la correspondance qui s'établit entre les comptoirs et la Banque de France ainsi qu'entre les comptoirs eux-mêmes. Cette correspondance, ces rapports suivis permettent aux négociants des villes dans lesquelles les comptoirs sont établis de faire des affaires avec Paris et avec les villes dans lesquelles les comptoirs sont institués. Ce mérite manque absolument aux Banques départementales, entre lesquelles aucune corrélation n'est établie.

En somme, messieurs, ce qui manque à la Banque de France, et par conséquent à ses comptoirs, ce sont des habitudes plus élevées ; elle garde encore trop, elle qui aspire à une domination plus étendue, les mœurs d'une Banque locale, elle ne se dégage pas assez de l'égoïsme local, de l'intérêt de ses actionnaires, et l'intérêt public n'est pas encore le premier mobile de ses déterminations. Vous en avez eu la preuve dans l'année qui vient de s'écouler. Vous avez vu la Banque de France, après avoir élevé le taux de l'intérêt à 5 p. 100, par une mesure de circonstance que je suis loin de blâmer, ne pas le ramener ensuite assez promptement à 4 p. 100; lorsque les circonstances sont devenues plus favorables, elle a attendu que le public se retirât d'elle, que ses escomptes se rétrécissent de 50 p. 100, comme il est arrivé dans le mois de décembre dernier. Il est fâcheux que cette lenteur se traduise, je ne dis pas s'explique, par un dividende de 270 fr., ou de 27 p. 100 du capital nominal, le plus élevé que la Banque ait encore distribué à ses actionnaires.

La Banque aurait dû nous épargner le spectacle qu'elle a donné au pays, spectacle qui peut suggérer à la législature la pensée très-légitime d'apporter une limite à de pareils résultats. Je pense, pour ma part, que le Gouvernement, quand il s'associe à une grande entreprise de commerce, de travaux publics ou de crédit, a parfaitement le droit de participer aux éventualités favorables de cette entreprise.

Vous avez décidé que le Gouvernement participerait aux bénéfices des exploitations de chemins de fer au delà d'une certaine limite. Eh bien, le public, quand il verra des dividendes de 27 p. 100 obtenus par les Banques, dans des années calamiteuses, fera certainement cette réflexion, que l'État, en retour du privilége qu'il a concédé, a le droit de réclamer une part dans les bénéfices et de voir rejaillir jusque sur lui cet accroissement de prospérité.

Venons maintenant aux Banques départementales. Je commence par reconnaître, messieurs, comme je l'ai déjà fait pour les comptoirs de la Banque de France, que l'établissement des Banques départementales a rendu un très-grand service au pays. Ces Banques ont eu le courage de fonder des institutions de crédit dans des villes où les premiers efforts de la Banque de France avaient échoué. Elles ont groupé les forces locales et ont commencé le réveil de l'esprit d'association, hors de la capitale.

Je crois que nous leur en devons une véritable reconnaissance; et quand je songe aux services passés, je me pénètre plus que jamais de la conviction qu'il y aurait vraiment de l'ingratitude à détruire les Banques départementales. Ce n'est pas leur destruction que je demande, c'est leur transformation.

Cet hommage rendu aux services passés, je crois avoir le droit d'examiner quels sont les inconvénients de leur organisation actuelle. Ces inconvénients sont réels et nombreux, je les ai déjà signalés; le principal est tantôt l'absence, tantôt la diversité des règles qui président aux opérations des Banques départementales. Mais ce qu'il me paraît surtout nécessaire d'indiquer, c'est la latitude que les Banques ont cru pouvoir donner à leurs opérations, précisément à cause de l'absence ou de la diversité des règles. J'ose dire que rien ne s'est passé dans l'histoire des États-Unis ou de l'Angleterre qui excède la témérité de plusieurs de ces Banques. J'en citerai des exemples tout près de nous, et je ne remonterai pas au delà de 1847. Je trouve en 1847 que la Banque de Lyon, en regard d'un capital de 2 millions, présente un passif exigible qui excède 31 millions, c'est-à-dire que son capital ne représente que la quinzième partie de son passif exigible. Quant à ses opérations, elles se sont élevées à 188 millions. Je ferai le même reproche à la Banque de Bordeaux; elle a un capital de 3 millions, une circulation moyenne de 21 millions; son passif exigible s'élève à 22 millions, ce qui fait que la proportion de son capital à la dette exigible n'est que d'un septième.

La chambre saisirait bien mieux la différence qui existe entre les opérations des Banques départementales et celles de la Banque de France par un rapprochement qui porte sur l'ensemble du système. La proportion du capital et de la circulation est, pour la Banque de France, de 35 p. 100; pour les Banques départementales, de 25 p. 100 seulement.

La proportion du capital aux opérations est, pour la

Banque de France, de 4,58; pour les Banques départementales, de 2,67 p. 100. Si l'on entrait dans les détails, on trouverait que cette proportion se réduit, pour la Banque de Lyon, à 1 p. 100; pour la Banque de Marseille, à 1,58 p. 100. Quant à la nature des opérations, il est telles Banques qui poussent aux escomptes. Ainsi la Banque de Lyon, avec son capital de 2 millions, a un portefeuille moyen de 20 millions. La Banque de Bordeaux, au contraire, s'était jusqu'à présent à peu près abstenue d'escompte: les valeurs qu'elle acceptait sur la place, et encore au taux de 5 p. 100, n'ont eu, pendant longtemps, qu'une échéance moyenne de neuf jours, et un peu plus tard, de quinze; ce n'est que depuis la concurrence dont elle se trouve menacée que cette Banque a porté la moyenne de ses échéances à trente-sept jours.

La chambre n'oubliera pas que la moyenne des échéances admises par la Banque de France, en 1847, a été de quarante-six jours.

Messieurs, d'où vient cette exagération à laquelle se sont portées les Banques départementales? Elle vient de ce que ces Banques n'ont pas de boussole. La circulation fiduciaire n'est fondée sur des bases solides que lorsqu'elle se répand ou se resserre de la même manière que la circulation métallique et par les mêmes causes: or, je vous le demande, comment les Banques départementales pourraient-elles régler l'extension ou le resserrement de la circulation en vue de l'état de la circulation métallique?

Cet état de choses leur est complétement inconnu; elles regardent de bas en haut, elles ne dominent pas la situation comme une Banque qui est placée au sommet du crédit; elles ne consultent jamais le cours du change entre les pays étrangers et la France, elles ne savent pas comment se règle la répartition des métaux précieux entre les divers États de l'Europe, elles ne s'occupent que des besoins de la place qu'elles desservent; leur seule règle, c'est la demande qui leur est faite de leurs billets par l'escompte. Cela est tellement vrai que, lorsqu'il survient une calamité publique, que cette calamité amène des dangers pour les établissements de crédit, que le principal de ces établissements, sous la pression de l'orage, comprend la nécessité de resserrer ses opérations, alors il arrive souvent que les Banques départementales se livrent à un mouvement contraire, et qu'elles choisissent le moment même où la Banque de France resserre ses opérations pour étendre les leurs. Voilà, messieurs, ce qui est arrivé l'année dernière. Pendant que la Banque de France réduisait sa circulation moyenne de 268 millions à 247, les Banques départementales élevaient la leur de 86 millions 1/2 à 90. Le même phénomène s'est produit en Angleterre dans diverses circonstances; on a vu, au moment où la situation des affaires faisait une loi à la Banque d'Angleterre de resserrer ses opérations, les Banques des provinces étendre les leurs avec une témérité que les événements se sont chargés de châtier. Pour citer un exemple, je dirai que de 1838 à 1839, pendant que la Banque d'Angleterre réduisait la circulation de 1,500,000 liv. st., les Banques de province augmentaient la leur de 1 million sterling.

Je viens de dire tout à l'heure que les excès auxquels s'étaient portées et auxquels se porteront encore, si on n'y met ordre, les Banques départementales, viennent de l'absence de règles. C'est qu'en effet il n'y a que deux situations en matière de crédit : la Banque centrale, ou la fédération des Banques; et encore je prouverai tout à l'heure que le deuxième de ces systèmes suppose le premier. Il n'y a donc que deux systèmes : la Banque centrale ou la fédération des Banques. Le premier, c'est le système anglais ; le deuxième, c'est le système de l'Écosse.

En Écosse, vous le savez, toutes les Banques forment une espèce d'association dont le principe est le contrôle qu'elles exercent les unes sur les autres. Chaque semaine, les représentants de ces diverses Banques se réunissent à

Édimbourg, et elles échangent entre elles les billets qu'elles ont reçus l'une pour l'autre.

Le solde de ces billets se fait par des traites à dix jours sur Londres.

Supposez que la Banque d'Angleterre n'existe pas : comment les Banques d'Écosse régleraient-elles leur solde, comment contrôleraient-elles leur existence? Elles ne le pourraient. Qu'est-ce en effet qu'une traite à dix jours? C'est le moyen de payer sur Londres, en billets de la Banque d'Angleterre, le solde qui résulte, pour chaque Banque écossaise, de l'échange des billets.

Eh bien, vous pouvez établir l'un et l'autre système, vous pouvez établir la Banque centrale ou bien établir des relations entre les Banques départementales : mais il faudra changer tout à fait leur constitution, et en changeant leur constitution, il faudra les rattacher à la Banque de France, car ce sera le seul et véritable moyen pour les Banques départementales de correspondre entre elles, et il leur faut un point d'appui.

La question se représentera donc toujours : vous n'échapperez pas à cette nécessité d'une Banque unique. J'ai déjà dit que cette nécessité dérivait des faits; je demande la permission d'insister encore et de montrer que la prétention de constituer des Banques départementales parfaitement indépendantes les unes des autres et de la Banque centrale ne repose sur rien.

Savez-vous ce que c'est que cette théorie? C'est la prétention de faire une Banque à Paris pour chacune des Banques départementales. Et ici, je ne puis pas m'empêcher d'être frappé d'un souvenir que je prends dans les travaux auxquels j'ai longtemps contribué. En 1830, tous les journaux de province se soulevaient à la pensée qu'ils recevaient une direction politique des journaux de Paris. Ces journaux prétendirent alors se constituer en représentants, en organes des partis dans leur département. A quel résultat aboutit la démonstration? A constituer à Paris une correspondance centrale pour chacune des opinions, de sorte que chacune des opinions représentées en province par les journaux des départements eut à Paris une correspondance, la même pour tous les organes d'une opinion, qui faisait l'office d'un nouveau journal à Paris.

Les journaux de province, qui avaient la prétention de n'être pas l'écho des journaux de Paris, se trouvèrent ainsi recevoir leur rédaction, leurs renseignements, leurs opinions de la capitale, quoique sous une autre forme. Cet état de choses subsiste encore aujourd'hui.

C'est ce qui arrivera pour la Banque de Bordeaux, comme pour les autres Banques départementales. Elles dépendront toujours de Paris, sous une forme ou sous une autre, car elles ne trouvent des espèces qu'à Paris; en cas de danger ou d'embarras, c'est aux ressources de Paris qu'elles font appel.

Et de plus, messieurs, voyez quel hommage votre commission rend elle-même à ce principe. Que vous propose-t-elle? Elle veut que l'on confectionne les billets de la Banque de Bordeaux à Paris. Pourquoi cela? Sans doute parce que ce genre de travail offre à Paris plus de sécurité que partout ailleurs. Pourquoi encore? Parce qu'il s'opérera à Paris sous les yeux du Gouvernement.

Eh bien, vous voulez recevoir l'impulsion du centre, vous voulez recevoir le contrôle du centre, et vous avez la prétention encore d'être une Banque indépendante, d'être une Banque locale! ceci est parfaitement contradictoire.

La prétention qu'on élève, on la place à l'abri d'un principe que nous respectons tous, à l'abri de la liberté. On nous dit : Le commerce de banque est un commerce comme un autre ; il doit être libre.

Certes, je tiens à la liberté commerciale, je crois l'avoir

prouvé; mais je nie que ce principe puisse recevoir ici son application. Le papier de banque n'est pas un objet de commerce. Quel est le but du commerce? C'est d'échanger des produits. Que faites-vous quand vous lancez des billets de banque dans la circulation? Vous répandez des promesses de payement. Sur quoi reposent ces promesses de payement? Non plus, comme la lettre de change, sur un produit créé qu'elle représente. Le billet de banque n'est pas le signe d'une marchandise: le billet de banque est le signe d'un engagement; le billet de banque est la promesse de payer à vue.

Eh bien, je dis que le papier de Banque n'est pas autre chose que la confiance que l'Etat autorise une assemblée d'hommes, une association d'hommes à demander au public, à lui imposer; je dis que cette confiance dérive de l'État; je dis que l'État confère alors à cette association un droit qui lui appartient à lui seul comme représentant de la communauté tout entière. Ce n'est pas là un objet de commerce, un objet d'échange, qui puisse être mis sous la protection de la liberté; c'est au contraire un privilége qui tient au Gouvernement, une émanation du pouvoir, qui doit être placée sous la garantie tutélaire de la loi.

On vous a dit, messieurs, et je terminerai par cette réflexion, on vous a dit qu'en établissant une Banque centrale d'émission, vous courriez le risque d'élever une grande puissance, une puissance redoutable au Gouvernement.

Messieurs, en dégageant la question de l'émission de la question d'escompte, en posant en principe que la Banque centrale d'émission pourrait employer pour agents de sa circulation les Banques départementales, je crois avoir dégagé cette difficulté des plus graves objections que soulevaient nos adversaires. Et, en effet, du moment que la Banque centrale consentirait à accepter comme agents de la circulation les Banques départementales, le personnel de toutes les Banques ne lui appartiendrait pas, vous n'auriez pas mis dans les mains du pouvoir central cette immense clientèle que vous paraissez craindre.

Pour mon compte, je le déclare, quand il faudrait en venir là, établir une Banque centrale se ramifiant sur toute l'étendue du territoire par des comptoirs qui répandraient partout, à un intérêt modéré, un papier unique qui ferait pour la circulation financière ce que les chemins de fer vont faire pour la circulation des hommes et des marchandises, je dis que cela ne m'effrayerait pas. Je considère, sans doute, que nous sommes une démocratie, mais je ne voudrais pas que cette démocratie restât à l'état de poussière. Je désire qu'il s'élève dans le pays des associations puissantes, que ces associations deviennent un moyen de grouper les forces éparses ; je désire qu'il y ait en face du Gouvernement, quand cela est nécessaire, quelque chose qui résiste et qui tienne plus fortement que les individus. Je crois qu'il y a quelque chose dans la démocratie de plus dangereux que les associations, si puissantes qu'elles doivent être, c'est l'envie qui repousse toute supériorité, dans l'ordre politique, dans l'ordre industriel, dans l'organisation du crédit.

N° 11.

CHAMBRE DES DÉPUTÉS. — Séance du 23 février 1848.

(Discussion du projet de loi portant renouvellement du privilége de la Banque de Bordeaux.)

M. D'EICHTHAL. Je tâcherai de ne pas abuser des moments de la Chambre ; j'essayerai de ramener le débat à une question de faits ; mais d'abord un mot seulement de réponse à

M. le rapporteur. La question de la Banque unique ne peut pas être traitée, dit-il, parce qu'elle n'est pas dans la loi.

Je ne viens pas ici faire de théorie, comme il l'a reproché aux orateurs qui l'ont précédé; mais je demanderai à la Chambre si on peut lui dire que, si on arrive à démontrer que les Banques départementales n'ont pas pour le pays les mêmes avantages qu'une Banque unique, il nous soit interdit de traiter ici, dès aujourd'hui, la question du remplacement des Banques départementales par les comptoirs de la Banque de France. Il ne s'agit pas non plus de dépouiller les Banques départementales des avantages qu'elles se sont assurés; ces avantages sont représentés par le prix de leurs actions, que M. le rapporteur disait avec raison être très-élevé, et je ne nie pas que, dans certains cas, le prix même de ces actions ne soit en proportion avec les services rendus. Le Gouvernement est depuis longtemps saisi par la Banque de France d'une proposition qui se borne à ceci : la Banque de France rachètera les actions des Banques départementales, elle se substituera à elles. Il n'y a donc pas spoliation : au contraire, la propriété est maintenue tout entière.

Je ne ferai plus qu'une observation générale.

Il semble qu'il y ait en France deux êtres distincts et séparés : Paris, qui fait ses affaires spéciales, et les départements, qui font les leurs. On nous dit toujours que, si la Banque de France avait des comptoirs partout, elle sacrifierait les départements à Paris. Rien de plus loin de la vérité; il n'y a qu'un corps, qu'un seul avec ses membres, Paris et les autres villes.

Et voyons comment se font les plus grandes opérations de banque. Les cotons qu'on achète aux États-Unis pour le Havre, comment sont-ils payés? Par des traites sur Paris. Les étoffes fabriquées que Lyon envoie en Amérique, comment s'en font les retours? Par du papier sur Paris. Ce que je dis du commerce étranger, je le dirai des relations de ville à ville. Paris est un grand centre de liquidation des affaires du pays : il s'agit d'organiser et d'étendre ce grand instrument d'une manière plus utile pour tous ; il ne s'agit ni de monopole ni de despotisme ; il s'agit de l'unité du papier de circulation, de la plus grande égalité possible du taux de l'intérêt et du change, de la réduction de la plus grande partie des frais de transport des capitaux d'une place sur l'autre.

On a dit que les chambres de commerce avaient réclamé contre le système d'une Banque unique. J'ai vu, en effet, des réclamations des chambres de commerce établies dans les villes où existent des Banques locales. La Banque de France a quinze comptoirs, on lui en demande d'autres ; et, remarquez-le, quoique les quinze villes où ces comptoirs existent soient représentées dans cette chambre, pas une plainte ne s'est élevée ici contre l'action des comptoirs de la Banque de France : j'ai donc le droit de conclure qu'il y a du moins beaucoup de villes qui sont satisfaites du système des comptoirs d'une Banque unique, s'il y en a un plus petit nombre qui le repoussent. J'ajoute que, comme il n'y a pas de villes qui aient les deux systèmes à la fois, il est assez difficile que l'appréciation se fasse par elles. Je crois, en définitive, que la question est entière pour la chambre ; qu'elle est sûre de ne léser aucun des intérêts locaux en adoptant, dans l'intérêt général, l'un ou l'autre des systèmes, conformément à la conviction à laquelle elle sera arrivée par la discussion.

J'arrive à la question même.

Je me bornerai à soumettre à la Chambre, aussi brièvement que possible, les opérations de la Banque et celles de ses comptoirs ; je crois que c'est là le moyen de répondre à toutes les objections, de faire cesser toutes les incertitudes, d'éclaircir ce que l'exposition théorique des systèmes a pu laisser obscur.

La Banque de France partage avec les Banques locales le privilége de l'émission de la monnaie de papier. Ce privilége doit être exercé avec toutes les garanties imaginables pour le pays : ces garanties doivent porter sur l'emploi des capitaux provenant de l'émission des billets, sur toutes les opérations de la Banque. Quelles sont ces opérations? Je limite d'abord l'examen à Paris. La Banque, avec les capitaux qui lui sont remis par les porteurs de ses billets, escompte le papier de commerce, fait des avances sur les fonds publics, sur les matières d'or et d'argent.

Ces opérations, nous verrons plus tard si les Banques locales peuvent les faire dans la même proportion.

La Banque, dans ses rapports avec ses comptoirs, rend, en outre, des services importants sous un point de vue différent : elle met à la disposition des localités dans lesquelles ses comptoirs sont établis, en dehors des capitaux que lui procure l'émission locale, le surplus des ressources que lui fournit l'émission des billets de la Banque centrale dont le commerce de Paris n'a pas besoin.

Je vais essayer de montrer par les faits qu'une Banque unique, dans son action par ses comptoirs, bien loin d'agir au détriment des villes départementales, vient leur faire partager les ressources que la circulation de Paris lui donne à elle-même.

Messieurs, on a dit que la circulation des comptoirs est très-faible, je le reconnais; mais il y a à cela deux raisons. La première, c'est que les billets de la Banque centrale circulent dans ses comptoirs en assez grande quantité ; la seconde, c'est que, presque tous les comptoirs de la Banque étant établis dans des villes comparativement peu considérables et qui sont loin d'avoir une grande population, comme Lyon, Bordeaux, Marseille, la circulation doit nécessairement être plus faible; car elle est ordinairement en rapport bien plus avec la richesse et la population d'une ville qu'avec la masse de ses affaires.

Je retournerai l'argument contre ceux qui l'ont mis en avant, et je dirai : la Banque de France ne retire pas de ses comptoirs de ressources pour elle-même; elle y a une circulation faible : par conséquent, elle n'obtient pas par les capitaux des villes départementales un moyen d'action pour elle-même; elle n'y trouve même pas les ressources que réclament leurs propres affaires. Messieurs, la circulation totale des comptoirs de la Banque de France ne s'élève qu'à dix millions de francs; cependant la Banque de France a, dans ces mêmes comptoirs, 80 millions d'espèces : il me sera permis d'affirmer que c'est là un avantage pour ces villes, puisque la Banque de France, outre les moyens de crédit que ces villes lui donnent, et qui ne montent qu'à 10 millions, met à leur disposition une réserve équivalant en ce moment à 80 millions, et qui est bien rarement au-dessous de 45 à 50 millions. Je dis donc que ce qu'on allègue contre le système de la Banque unique, sous ce point de vue, est, au contraire, tout à fait à son avantage.

Les billets de la Banque de France peuvent-ils constituer une circulation unitaire? On dit : non; et, pour le démontrer, on ajoute que, si la Banque était obligée de payer ces billets dans ses comptoirs, inévitablement elle serait mise en faillite, à certains moments. Messieurs, le fait est incontestable : à moins d'adopter la loi anglaise, qui déclare que le billet de la Banque n'est payable en espèce qu'à Londres, vous ne pouvez pas obliger la Banque à payer ses billets dans tous ses comptoirs. Mais de la théorie, de la prescription légale, qui doit mettre la Banque à l'abri d'un danger possible, à la pratique, il y a bien loin. On vous a dit que, dans un des comptoirs de la Banque, à Valenciennes, on avait refusé un payement de 10,000 francs de billets; c'est là un fait fâcheux, qui a été sévèrement blâmé, qui était l'acte d'un seul homme et qui ne se représentera pas : il s'est produit sous l'influence des négociants de la ville eux-mêmes; l'administrateur du comptoir a été censuré, et il serait rigoureusement puni une seconde fois. Mais y a-t-il une seule autre exception au payement des billets de la

Banque de France dans ses comptoirs? Je dis non; et je prie la Chambre d'observer que, comme les espèces dans les comptoirs de la Banque de France, à cette heure, varient depuis 15 millions jusqu'à 1 million, il y a peu de comptoirs dans lesquels il puisse se présenter une demande imprévue de billets à laquelle ils ne puissent faire face. Quant aux billets des comptoirs, ils se payent toujours à la Banque de France. Je dis donc que vous arrivez à cet immense avantage pratique, qu'un négociant, partant d'une ville quelconque où il y a un comptoir, peut parcourir toutes les villes où il existe des comptoirs de la Banque de France, avec certitude d'obtenir des espèces, contre les billets qu'il aura pris, au comptoir de la ville qu'il habite. Mais ce n'est pas le seul avantage qu'offrent les comptoirs de la Banque; on a cité, comme un grand avantage pour eux, la faculté d'escompter du papier sur toutes les places où il existe d'autres comptoirs. C'est là, à mon avis, un des grands services qu'ils rendent au commerce.

M. le Rapporteur. Nous sommes prêts à le rendre.

(M. Deslongrais prononce quelques mots que nous ne pouvons saisir.)

M. le Président. N'interrompez pas.

M. d'Eichthal. Je sais très-bien que l'honorable rapporteur pourrait nous proposer un système, une théorie, comme il l'appelait tout à l'heure, dans laquelle la Banque locale pourrait être liée avec la Banque de France, dans laquelle la Banque de France payerait les billets des Banques départementales, dans laquelle elles escompteraient le papier sur ses comptoirs, ou d'autres combinaisons de ce genre. Je lui répondrai seulement : c'est une théorie qu'il faudrait examiner. Mais je dis que la Banque de France escompte, à Paris, le papier sur les villes où existent ses comptoirs, et escompte, dans ses comptoirs, le papier sur Paris et sur toutes les villes où existent d'autres comptoirs.

C'est un immense avantage donné au commerce que de

lui donner la faculté de convertir en espèces, à chaque heure donnée, le papier qu'il a en portefeuille sur le plus grand nombre de villes possibles. Il n'y a pas un négociant dans cette chambre qui ne soit de mon avis sur ce point.

M. DESLONGRAIS. C'est évident.

M. D'EICHTHAL. Aujourd'hui, à cette heure, vous avez un billet de banque qui circule dans quinze villes importantes de France ; voilà quinze établissements puissants par les ressources mises à leur disposition, qui escomptent à toute heure, et qui escomptent non-seulement le papier sur les places où ils existent, mais le papier sur toutes les places où la Banque est établie, et cela sans aucune espèce de frais, au même taux d'intérêt que la Banque de France escompte à Paris. C'est donc la suppression complète du change, de la perte de place et des commissions.

Il y a un autre service que rend la Banque : non-seulement elle paye ses billets, facultativement, je le reconnais, non-seulement elle escompte et le papier local et le papier payable dans ses comptoirs, ce qui est un moyen tout simple de faire passer des fonds d'une place à l'autre, mais elle délivre dans ses comptoirs sur Paris des mandats à vue et sans frais ; elle délivre à Paris, sur presque tous ses comptoirs, des mandats sans frais. S'il y a quelques exceptions, elles sont rares et disparaîtront, j'espère.

Je voudrais que ce simple exposé de l'organisation de la Banque de France vous eût démontré que les attaques et les objections qu'on dirige contre elle ne sont pas fondées ; qu'il est bien vrai que la Banque unique établirait l'unité de circulation ; qu'elle établirait un taux uniforme d'intérêt ; qu'elle établirait le virement des fonds d'une place à l'autre, sans danger, avec rapidité et sans frais.

J'arrive maintenant aux banques départementales.

Je ne veux pas ici les attaquer ; je ne viens pas faire leur procès. Au contraire, je déclare qu'à peu d'exceptions près les Banques départementales ont opéré aussi bien que leur constitution le permettait. C'est leur organisation, c'est leur isolement nécessaire, c'est leur séparation inévitable les unes des autres, que je viens attaquer ici.

Et je les attaque d'abord d'un point de vue général.

Je vous ai montré la Banque trouvant des ressources très-faibles dans beaucoup de villes de France..... Et il y a un fait qui peut-être vous frappera et vous intéressera.

La circulation ne dépend pas, principalement, de l'importance des opérations commerciales et industrielles, elle n'est pas proportionnelle à la masse des affaires, loin de là; telle ville très-industrielle, où se font d'énormes opérations, n'est cependant pas une vieille ville, une ville où la population soit nombreuse, où les richesses soient accumulées, où le petit commerce des environs soit important: par conséquent, les transactions locales n'étant pas importantes, la circulation est nécessairement faible. Que faites-vous donc avec des Banques locales séparées? Vous réduisez chaque ville aux ressources que la circulation locale lui donne.

Il en résulte des inégalités fâcheuses; si vous prenez, par exemple, la ville du Havre; elle a une Banque avec un capital de 4 millions; ce n'est pas avec son capital qu'une Banque fait des affaires; la ville du Havre, une de celles qui font les plus grandes affaires en France, ne donne place qu'à une circulation de billets de 4 millions de francs. N'est-il pas évident qu'à un moment donné, quand il se présentera des besoins exceptionnels, la Banque ne sera pas en mesure d'y faire face?

Prenons une plus grande ville, Lyon.

Messieurs, la Banque de Lyon a une circulation de 21 millions; elle n'a qu'un capital de 2 millions; elle a dans ses caisses 16 millions d'espèces. Et d'abord remarquez qu'elle n'escompte que le papier sur Lyon, et je vous ai dit que le commerce de Lyon recevait la plupart des retours de ses produits en papier sur Paris. Faut-il que les Banques locales escomptent ou non le papier sur Paris? Quelques-unes disent qu'elles périront, si elles n'ont pas cette faculté ; la Banque de Lyon refuse, et elle a raison, car elle ne pourrait faire face aux obligations qu'elle lui imposerait. Je vous ai dit qu'elle avait 21 millions de circulation ; c'est certainement une somme considérable, mais suffit-elle pour faire face aux besoins du commerce lyonnais, quand il faut faire les achats de cocons, par exemple? est-ce assez pour parer à tous les besoins extraordinaires? Non, messieurs.

La Banque de Lyon se vante, comme d'un service important, de ce qu'elle maintient le taux de l'intérêt constamment à 3 p. cent, quelle que soit la situation commerciale du pays, quelle que soit la crise qui peut désoler le commerce à Lyon et au dehors.

Dans le rapport qu'elle vient de publier, c'est, à ses yeux, son plus grand titre à la reconnaissance.

Savez-vous les conséquences de ce prétendu service? Je ne veux pas lire à la chambre les lettres que j'ai ici, qui me sont adressées de Lyon ; il n'y en a pas une dans laquelle on ne nous dise : N'opérez pas, ne remettez pas de papier long, la Banque restreint son escompte ; elle ne prend plus que 10,000 fr. par bordereau, que 5,000 fr., que 4,000 fr.

Voilà cet admirable système de Banque ; il dit aux gens : Vous avez faim, eh bien, je vous donnerai à manger à bon marché, mais je ne vous donnerai pas tout ce dont vous avez besoin. Il vous faut pour vivre une livre de pain, je ne vous en donnerai qu'une demi-livre, mais à bas prix.

Quand un commerçant ne peut obtenir les ressources dont il a besoin, quand, avec les mains pleines de valeurs, on ne lui donne qu'une faible partie de la somme qui lui est nécessaire, il ne peut faire face à ses engagements; il suspend ses paiements, en maudissant e bon marché de votre argent.

C'est là un des résultats du manque d'unité. Croyez-vous que ce soit tout ? Citons encore la Banque de Lyon, que les représentants de la ville de Lyon défendront certainement ici, que je n'attaque pas pour ses actes, mais pour sa constitution. La Banque rendrait l'état du commerce de Lyon intolérable, si la Banque de France n'était pas allée établir à côté de Lyon, parce qu'elle n'a pas le droit d'entrer à Lyon, un comptoir qui escompte la totalité du papier sur Paris, que le commerce de Lyon a dans son portefeuille.

Quand la Banque de Lyon escompte à 3 p. cent, le comptoir de Saint-Étienne escompte à 4 p. cent, à 5 même; l'année dernière, dans le cours de 1846, il a donné toutes les espèces nécessaires à Lyon, et escompté 70 millions de papier sur Paris au commerce lyonnais.

Ce n'est pas là, comme l'a dit M. le rapporteur, une question de théorie, mais un fait certain. Ce système, si tentant au premier abord, en voilà le résultat, voilà à quelles conditions on peut maintenir ce taux bas et immuable de l'intérêt, dont la conséquence est le refus de secours.

Je prends l'exemple d'une autre Banque, la Banque de Marseille. Là les faits changent; il ne s'agit plus de donner des capitaux à très-bas prix; la Banque de Marseille a une circulation restreinte; elle ne s'élève pas à plus de 16 millions. Est-ce avec cette seule ressource qu'on peut faire face aux énormes opérations du commerce marseillais? Non, sans aucun doute; et cependant la Banque de Marseille n'escompte pas seulement le papier sur la ville, elle escompte le papier sur Paris, sur Lyon, sur Toulon; mais elle tient le taux de l'intérêt presque constamment à 5 p. cent, parce qu'elle est sans cesse menacée de demandes d'espèces, soit pour l'Italie, soit pour Alger, soit pour Constantinople, et qu'elle ne peut y faire face qu'en se procurant du papier sur Paris, qu'elle prend à un taux d'intérêt sans cesse changeant. Et voulez-vous, messieurs, apprécier ce qui peut lui arriver par ce qui lui est déjà arrivé? je demande la permission de vous lire un passage du rapport de sa direction :

« ..... 21 millions d'espèces avaient suffi au premier semestre; les besoins du second en ont nécessité 31, dont 16 millions ont été absorbés pendant les deux derniers mois.

« Ils répondent à l'époque des plus grandes difficultés financières de la situation générale, et à la crise pécuniaire qùe Marseille a subie alors, plus que Paris même, par l'énorme exportation qui s'est faite pour le Levant, par suite de l'achat des blés.

« Dans cette grave circonstance, nous n'avons pas cru devoir nous départir du principe que nous avons depuis longtemps adopté, et avons, en augmentant le taux de l'escompte, momentanément, jusqu'à 6 p. cent, continué à prêter au commerce le concours dont il avait plus que jamais besoin. Il a fallu, pour cela, redoubler de soins et ne pas reculer devant les sacrifices, les risques même de transports matériels élevés jusqu'à la limite du possible, par toutes les voies qui nous étaient ouvertes.

« Pendant dix jours seulement la Banque a dû restreindre ses escomptes aux trois quarts, puis à la moitié des sommes présentées; encore faut-il reconnaître que cette restriction portait sur des présentations augmentées dans la prévision des réductions annoncées d'avance. »

J'ajouterai un détail. C'était au moment de l'exportation des espèces pour le payement des blés. La Banque de Marseille se vit enlever une somme considérable au départ d'un des paquebots pour le Levant; on lui annonça que, pour le paquebot suivant, on lui ferait la même demande.

Cette demande, était-ce une fantaisie? non; les négociants de Marseille avaient reçu de négociants étrangers l'ordre de ces envois d'espèces, qui peut-être leur en avaient remis la valeur, qui peut-être comptaient sur cette ressource pour faire face à leurs engagements; eh bien! il a fallu accorder à la Banque que ces demandes d'espèces seraient remises de dix jours, qu'elles seraient différées jusqu'au départ du prochain paquebot. N'est-ce pas là, Messieurs, un grave inconvénient, un triste résultat du système des Banques isolées?

Mais, d'ailleurs, la Banque de Marseille ne pourrait pas exister par elle-même, si la Banque de France n'avait pas de comptoirs à Montpellier et à Saint-Étienne, et si, toutes les fois qu'il y a des demandes d'espèces, la Banque de Marseille, soit directement, soit par ses correspondants, ne venait les prendre dans ces comptoirs.

M. le Rapporteur. Elle prendrait à Paris.

M. d'Eichthal. J'accepte la réponse de M. le rapporteur, et je raisonne sur ce qu'il vient de dire.

La Banque de Marseille prendrait à Paris. Je ne donnerai pas, moi, un privilége aussi important que celui de battre monnaie pour arriver à un tel résultat. Combien faut-il de temps pour faire venir des espèces de Paris? Combien faudra-t-il que le commerce marseillais attende pour avoir les espèces dont il a besoin, si la Banque de Marseille, ne pouvant pas avoir les réserves suffisantes dans ses caisses, était obligée, à toute demande exceptionnelle, de venir chercher à Paris les espèces que le commerce lui demanderait pour le jour même?

M. Blanqui. On en est prévenu à l'instant même.

M. d'Eichthal. L'honorable M. Blanqui me répond qu'on en est prévenu en temps utile. Quel est le fait que je viens de vous citer? Comment se fait-il que la Banque de Marseille ait dû refuser au commerce, pendant dix jours, les ressources dont il avait besoin? Il y a, dans une ville comme Marseille, dans un centre de commerce aussi considérable, des nécessités imprévues auxquelles vous, Banque locale, vous serez dans l'impossibilité de faire face. Et je réponds encore : la Banque de France n'a que 10 millions de billets dans ses comptoirs; cependant elle a à Montpellier 15 millions d'espèces; à Saint-Étienne, 15 millions d'espèces, qui sont toujours à la disposition des Banques locales, et qui seraient à Lyon et à Marseille en sus des ressources fournies par la circulation locale de billets. Est-ce que vous ne trouvez pas quelque chose de bien fâcheux dans cette position d'impuissance des Banques, auxquelles vous donnez un privilége et un monopole, celui d'émettre du papier? Et remarquez que vous excluez la Banque de France des villes où elles existent, qu'elle ne peut pas s'établir là où elles sont; si elle veut rendre service au commerce de la ville dans laquelle elles existent, il faut qu'elle le fasse par un détour, en créant un comptoir dans une ville voisine. Je ne dis pas qu'elle n'y ait pas de bénéfices, qu'elle n'y ait pas d'intérêt; je crois que son intérêt et celui du pays sont liés. Ses comptoirs sont établis à Saint-Étienne pour Lyon; à Saint-Étienne et Montpellier pour Marseille; la Banque de Bordeaux, où prend-elle ses espèces quand elles lui manquent? A Angoulême. Et, à cette occasion, je déclare, j'affirme que jamais, à aucun moment, la Banque de France n'a traité ses comptoirs autrement que le commerce de Paris; je déclare que jamais elle n'a réduit les escomptes, que jamais elle n'a diminué les facilités qu'elle leur accordait.

A quoi donc se réduit la question? Je la résume. Il s'agit de savoir si un droit régalien, qui constitue un monopole, sera donné à certaines institutions locales pour produire ce que je vais vous dire : des services incomplets pour la localité, une diminution importante des avantages généraux du pays, un grand bénéfice pour elles. Oui, certainement, la Banque de Lyon, avec le système que j'ai indiqué, obtient des résultats énormes pour ses actionnaires. Vous allez le comprendre maintenant. Toute l'année elle escompte à un taux très-bas; par là, elle est sûre d'employer presque entièrement la portion de ses réserves qu'elle n'est pas obligée de garder dans sa caisse, elle se met à la place des capitalistes, comme disait l'honorable rapporteur; mais, quand viennent les moments difficiles, oh! alors tout est employé, elle n'a plus rien à donner au commerce. Je répète ici la phrase de l'honorable M. Thiers : ce n'est pas une Banque modératrice, elle s'applique à exciter les besoins autant qu'elle le peut; on ne vient pas lui demander de l'argent à 4 p. cent; elle l'offre à 3, et elle trouve des preneurs; mais aussi, quand vient le moment des grands besoins d'espèces, et à Lyon il est annuel, elle n'a pas de superflu pour faire face aux demandes. C'est ainsi que vous constituez un monopole, un privilége à un établissement qui ne rend pas les services que vous avez droit de demander en compensation; la Banque unique, comme Banque de circulation, que produit-elle? Bien loin de concentrer les ressources, elle est un moyen d'égale division, d'égale répartition des capitaux : elle les prend là où ils sont inutiles, à ses frais et risques; elle les porte là où ils sont utiles, où ils manquent.

C'est là le rôle de la Banque unique : rechercher l'argent où il est inutile et l'envoyer là où il est nécessaire. C'est pour cela que je combats la loi et que je demande, comme on l'a déjà demandé, qu'on ne passe pas à la discussion des articles.

On nous dit : attendez à 1855.

Comment, Messieurs, si le système est mauvais, si vous avez la preuve qu'à un moment donné la Banque de Marseille, par exemple, n'a pas pu faire face aux besoins, vous attendriez! Pourquoi donc? Est-ce qu'en 1855 la question ne sera pas la même? Il y a des Banques dont le privilége ne vient à échéance qu'en 1856, en 1858, en 1859. Il s'agit d'établir un système, de déclarer dès aujourd'hui que les Banques qui viendront à échéance rentreront dans la Banque unique. C'est un principe que vous devez proclamer. Quant à la manière dont la transaction se fera, il n'y a pas d'intérêts particuliers à blesser. La valeur actuelle du monopole est fixée par le prix des actions. La proposition à faire est celle-ci : la Banque de France payera les actions à leur prix actuel, soit en argent, soit en actions de la Banque de France;

car il est évident que son capital devra être proportionnellement augmenté.

Voilà les observations que je voulais présenter à la Chambre.

N° 12.

Chambre des Députés. — Séance du 22 février 1847.

Ajournement à 1853 de la question de l'unité de la monnaie de papier.

M. d'Eichthal. Je reconnais qu'il faudrait accorder un temps suffisant à la Banque de Bordeaux pour que la question pût être discutée devant la Chambre. Mais, sans vouloir incriminer le gouvernement, je dirai que la question est entre ses mains depuis longtemps. Il a la proposition de la Banque de France, qu'il aurait pu faire examiner ; il aurait pu au moins vous en rendre compte dans l'exposé des motifs de la loi actuelle, ou dire pourquoi il ne voulait pas de cette proposition, quels en étaient les inconvénients, quels étaient les avantages de l'autre système.

..... La Banque a fait une proposition complète. Il est évident que la conséquence de cette proposition serait de laisser débattre ici les conditions auxquelles vous la rendriez Banque unique ; il est très-certain que ce n'est pas dans l'état actuel de ses statuts, et sans examiner la question à fond, que vous pourriez le faire.

..... Je suis donc tout à fait d'accord sur ce point qu'on ne peut pas aujourd'hui refuser à la Banque de Bordeaux son existence ; mais je voudrais que, dans un délai très-court, la question revînt devant vous, car il s'agit, encore une fois, d'établir un principe, et je suis certain que, quand les Banques locales sauront qu'à l'expiration de leur privilége elles devront être remplacées par la Banque de France, elles se réuniront à elle beaucoup plus tôt que vous ne l'imaginez.

..... La Banque de France envoya un de ses directeurs à Lyon en 1816, au moment où elle retirait son comptoir. Elle a proposé au commerce lyonnais de créer une Banque locale, s'engageant à fournir la moitié du capital.

..... Eh bien, Messieurs, le commerce lyonnais a refusé; il ne voulait pas de Banque, les particuliers ne voulaient pas de billets de Banque.

..... Du reste, qu'on me permette de le dire, la question n'est pas de savoir si l'on a bien ou mal fait il y a trente-deux ans, mais la question est de savoir si nous nous éclairerons des discussions qui ont eu lieu ici et au parlement anglais : elles y sont revenues cinq fois dans douze ans, et à chaque fois on a modifié ce système, à chaque fois l'on s'est rapproché davantage du système de la circulation unique, à tel point que, aujourd'hui...

M. le Rapporteur. Mais non!

M. d'Eichthal. M. le rapporteur dit que non. Je répète que la loi anglaise tend de plus en plus à établir la circulation unique.

M. Léon Faucher. C'est incontestable.

M. d'Eichthal. Et je vais vous dire à quel point.

..... A cette heure il a été reconnu au parlement anglais que l'émission de la monnaie de papier appartient à l'État, mais qu'il y avait des raisons tellement graves pour ne pas laisser cette émission directe entre les mains du gouvernement, qu'il fallait consentir à employer des intermédiaires.

M. Ducos. Il y a une observation importante à adresser à la Chambre. Il ne faut pas, dans un vote de cette importance, qu'il y ait surprise.

Plusieurs de mes collègues disent autour de moi que le projet du gouvernement proroge le privilége de la Banque de Bordeaux jusqu'à 1868 ; ils paraissent effrayés de la longueur de la prorogation. Je tiens à les rassurer, et je demande à leur lire le second paragraphe du projet :

..... « Néanmoins ce privilége pourra prendre fin ou être modifié le 31 décembre 1855, s'il en est ainsi ordonné par une loi votée dans l'une des deux sessions qui précéderont cette époque. »

..... Messieurs, le second paragraphe de l'art. 1er n'est que la conséquence nécessaire de la décision que les pouvoirs législatifs ont prise en 1840.

..... A cette époque, le privilége de la Banque de France était arrivé à son terme, et devait être renouvelé pour la première fois. Alors s'agita devant la Chambre la question du système de Banque unique. Les pouvoirs législatifs comprirent qu'il était nécessaire de ne résoudre cette question qu'à une époque plus reculée, et, dans ce but, il fut décidé que le privilége de la Banque de France serait modifié, ou même retiré en 1855, et que tous les priviléges qui seraient concédés à des Banques départementales pourraient également être modifiés et prendre fin à la même époque, en 1855 ;

de sorte que, dans les deux sessions qui précéderont cette époque de 1855, tous les éléments de décision seront apportés à la fois par le gouvernement.

M. Berryer. Je ferai remarquer à M. Darblay que, d'après la loi de 1840, le privilége de la Banque de France, telle qu'elle est constituée aujourd'hui, devant finir en 1855, il est dit que, dans les deux sessions qui précéderont, on discutera ce privilége. C'est alors que s'élèvera la question de savoir s'il doit y avoir une Banque unique ou s'il doit y avoir des Banques particulières.

N° 13.

LETTRE DE M. AD. D'EICHTHAL AU JOURNAL *LE TEMPS*

Sur les Banques d'émission.

Monsieur le rédacteur,

Presque tous les journaux ont reproduit une brochure de M. Cintrat, qui, à l'occasion d'un vote de l'assemblée des actionnaires de la Banque de Savoie, met en avant des théories dangereuses, et présente les faits généraux de manière à répandre dans le public des erreurs fâcheuses.

C'est, à mes yeux, un devoir de rétablir la vérité des principes et des faits. Je viens vous prier de m'en donner le moyen en me prêtant l'appui de votre publicité.

Je ne puis éviter d'entrer d'abord dans quelques considérations générales.

Sous le nom de « Banque » sont réunies des attributions

complétement distinctes et différentes. De là une confusion des plus fâcheuses, qu'il faut avant tout faire cesser.

Les institutions analogues à la Banque de France remplissent une double fonction : elles émettent la monnaie de papier, puis elles disposent du capital ainsi réalisé en leurs mains pour des placements permanents, ou pour des opérations à courts termes, escomptes, avances sur fonds publics, actions, etc.

Il n'y a pas nécessité, mais il y a utilité à ce que les deux fonctions soient réunies dans les mêmes mains.

Seulement, si elles sont réunies, il faut bien plus encore que l'émission des billets soit soumise à des règles telles, que jamais les opérations commerciales de la Banque ne puissent compromettre la sécurité des porteurs de ses billets.

Pour que cette sécurité soit complète, *il faut que la monnaie de papier entre dans les coffres de la Banque et en sorte, absolument de la même manière que le ferait le numéraire même.*

Or, en supposant la circulation uniquement en numéraire, si les affaires prennent une activité exagérée, si la spéculation va trop loin, et que les prix des marchandises ou des valeurs soient, par suite, plus élevés chez nous que chez nos voisins, si le travail est poussé de manière à absorber trop de capitaux, les espèces sortent des réservoirs publics; elle deviennent insuffisantes pour les besoins et, par le fait même de leur rareté, elles prennent une plus grande valeur proportionnelle, résultat qui se manifeste par la baisse du prix de tout ce qui se vend et s'achète.

Et ainsi l'excès de production, l'excès de spéculation, se trouvent graduellement arrêtés par l'effet même qu'ils produisent sur la circulation.

Dans le cas d'une circulation mixte, et si l'émission de la monnaie de papier n'est pas soumise à des règles rigoureuses, qu'arrivera-t-il? A mesure que les causes que nous avons signalées feront place pour un accroissement de circulation, une nouvelle émission de billets de banque y pourvoira.

Une production nouvelle d'or et d'argent déprécie la masse d'or et d'argent dans le monde entier, et fait monter le prix de toutes choses, par suite de la moins-value du moyen d'échange, la monnaie. Une émission de monnaie de papier produit le même effet, mais, d'abord et surtout, là où elle a lieu ; la hausse des marchandises et des valeurs se manifeste, plus et plus tôt, dans le pays d'émission, et attire nécessairement les vendeurs du dehors, en repoussant les acheteurs : le travail intérieur se trouve surexcité, et comme par la création d'une nouvelle quantité de monnaie de papier la situation réelle est dissimulée, la spéculation encouragée, le mal, loin d'être arrêté, va croissant jusqu'à ce qu'il arrive à un degré tel, qu'au lieu d'un malaise passager, on arrive à une crise terrible par son intensité et sa durée.

Est-il possible que l'émission de la monnaie de papier soit réglementée de telle sorte, qu'en même temps ce papier se comporte comme le ferait le numéraire, et cependant vienne augmenter la richesse publique dans une proportion importante?

Oui, et voici par quel procédé :

L'expérience a démontré que les besoins de la circulation absorbent une certaine somme de billets, dont le public se sert pour les transactions journalières de la vie, et dont il ne réclame jamais le remboursement en espèces, à moins de circonstances heureusement si rares, qu'on peut en tenir peu de compte.

C'est le capital créé par l'émission de ces billets qui peut être considéré comme disponible, et qui peut être employé en valeurs d'une sécurité complète, mais non pas nécessairement d'une réalisation immédiate.

Au delà de ce point, toute augmentation dans la circulation des billets doit être représentée par des espèces en caisse, parce que, dans une période de quelques années, par suite de circonstances fâcheuses, mais non exceptionnelles, le remboursement peut être réclamé, et que le bénéfice à retirer de l'emploi qui en aurait été fait serait loin de compenser le mal que causerait la réalisation de ce placement au moment même d'une crise.

Par quelque intermédiaire qu'ait lieu l'émission des billets, le gouvernement, une Banque ou plusieurs Banques, elle est donc restreinte dans des limites qui ne peuvent pas être impunément dépassées ; devant ce fait tombent les accusations, si légèrement et si souvent portées, de prétendu refus de concours des Banques d'émission.

L'émission des billets semblerait devoir être faite par le gouvernement même. Mais, dans ses mains, elle inspirerait une défiance peut-être motivée.

En remettant à un tiers l'exercice de ce droit, le gouvernement doit l'entourer de toutes les garanties imaginables.

Les limites de l'émission des billets étant de fait posées par le public même, il n'a rien à gagner à ce que plusieurs banques, au lieu d'une seule, émettent des billets ; l'unité de circulation lui assure, au contraire, des garanties sérieuses contre la fraude.

Les billets de banque une fois émis, tout privilége cesse d'être justifiable. L'escompte du papier de commerce, les avances sur fonds publics, et sur actions, la réception de fonds en dépôt, etc., sont des opérations permises à tous dans les termes de la loi commune.

Le droit régalien de frapper monnaie, sous la forme de billets de banque, doit seul être réservé pour la sécurité de tous. Les principes ainsi bien établis, passons rapidement en revue les assertions de M. Cintrat.

Il nous cite comme exemple l'Angleterre et les États-Unis.

L'Angleterre, loin de parcourir avec succès, comme il

l'affirme, la voie de la pluralité des banques d'émission, a eu à subir d'incessantes crises par le fait de la coexistence de plusieurs établissements, en concurrence avec la Banque d'Angleterre. Dès le moment, en effet, où celle-ci, mieux informée, ou plus dévouée à l'intérêt public, commençait à restreindre ses escomptes, ou à élever le taux de l'intérêt, et amenait ainsi une réduction de ses billets en circulation, les autres banques, sollicitées à la fois par la demande de leurs clients et par l'attrait d'un bénéfice actuel, augmentaient d'autant au moins leur circulation, et ainsi le mal allait s'aggravant.

Il a fallu de nombreuses et cruelles épreuves pour que, dans ce pays ennemi de la centralisation, après plusieurs longues et sérieuses enquêtes, son grand ministre, sir Robert Peel, fort de l'appui des théoriciens et des hommes d'affaires les plus éminents, et en particulier de M. Jones Lloyd, maintenant lord Overstone, amenât le Parlement à mettre dans la loi le principe de l'unité de circulation par l'intermédiaire d'une banque unique. Seulement, dans ce pays de respect pour tous les droits acquis, l'acte de 1844 a conservé à toutes les banques existantes le droit de faire circuler leurs billets, jusqu'à concurrence du chiffre alors en émission.

Aucune nouvelle banque, aucun particulier ne peut, en dehors des établissements ainsi reconnus, émettre à l'avenir de billets de banque. Et de plus, si, par un motif quelconque, un de ces établissements suspend sa circulation, il ne peut la reprendre, et la Banque d'Angleterre émet une somme équivalente de ses propres billets. En fait, cette transformation va s'accomplissant.

La Banque d'Angleterre elle-même est, depuis 1844, divisée en deux branches parfaitement distinctes.

L'une n'a d'autre fonction que d'émettre les billets; et, comme l'expérience a démontré que les 2/3 à peu près des billets qui circulent à l'état normal ne viennent jamais au remboursement, la banque d'émission est autorisée à prêter au gouvernement, ou à placer en fonds publics 14 millions de livres sterling (350 millions de francs), soit les 2/3 de la circulation ordinaire à cette époque.

Au delà de 14 millions de livres sterling, aucune émission ne peut avoir lieu que contre dépôt d'espèces.

La seconde branche de la Banque (*Banking department*) fait, dans certaines conditions statutaires, toutes les opérations de banque, reçoit des fonds en compte courant, en fait emploi ; mais, par la division établie, ses opérations commerciales ne peuvent, en aucun cas, altérer la valeur, diminuer la garantie du billet de banque.

La réunion des deux fonctions en une seule main a cet immense avantage que, dès que le gouvernement de la Banque voit diminuer l'encaisse dans une proportion exceptionnelle, il prend des mesures restrictives qui arrêtent le mal à sa naissance, et ne le laissent pas s'aggraver à un point tel, que non-seulement les billets représentés par des espèces dans les coffres de la Banque d'émission, mais peut-être aussi une partie des billets représentant les 14 millions de livres sterling prêtés à l'État ou employés en fonds public, viendraient au remboursement.

Dans ce système, la diminution des espèces dans les caisses ne pouvant être palliée par une émission équivalente de billets nouveaux, et la publication hebdomadaire de la situation de la Banque éclairant le public en temps utile, chacun peut se préparer pour un état passager de resserrement.

Telle est la situation en Angleterre.

Aux États-Unis, une Banque unique était une violation du droit des États; et cependant, la Banque des États-Unis ne serait peut-être pas tombée sitôt, si elle n'était devenue un instrument de lutte dans les mains d'un parti. La pluralité des banques d'émission produit là, comme elle fera partout, des résultats peu enviables.

Arrivons à la Banque de France. Oui, certes, il faut

s'étonner qu'en 1808 le législateur, devançant de si loin son temps, ait donné à la Banque une organisation si parfaite, qu'aujourd'hui encore elle répond aux besoins réels du pays.

Quels reproches l'auteur de la brochure adresse-t-il à la Banque ?

1° Elle laisse diminuer son encaisse métallique, et, par suite, elle est obligée de recourir à l'élévation du taux de l'escompte pour le reconstituer. — Quels moyens a donc la Banque d'empêcher la diminution de son encaisse en dehors de la restriction des escomptes et de l'élévation du taux de l'intérêt? Nous n'en voyons aucun autre, et cependant ces moyens sont justement ceux qu'on lui impute à crime.

2° La Banque, au lieu d'avoir son capital immobilisé en rentes, devrait le tenir disponible, et avoir ainsi une réserve en numéraire suffisante pour faire face aux demandes qui se produisent presque régulièrement en octobre et novembre. — Sans examiner si la Banque a, dans cette question, toute liberté d'action, sans demander s'il y a à établir une différence de provenance dans les espèces qui constituent son encaisse, est-il bien sûr que l'auteur de la brochure chanterait bien haut les louanges de la Banque, si pendant dix mois elle enlevait 200 millions de francs à des emplois utiles, uniquement pour parer aux besoins possibles des deux autres mois?

M. Cintrat cite, quelques lignes plus bas, à la Banque, l'exemple des négociants qui font argent de leur portefeuille pour parer à leur échéances; ceci est un autre système. Les 200 millions de francs seraient employés, puis il faudrait réaliser les valeurs acquises au moment où la situation deviendrait difficile. Quelle différence y a-t-il donc entre demander ainsi au public des espèces et des billets en payement des valeurs qu'on lui vend, ou agir par l'élévation du taux de l'intérêt? Une très-grande certainement ; le second moyen agit plutôt moralement que matériellement;

le premier, sans aucun avertissement, vient porter un trouble grave sur le marché.

3° Les mesures de la Banque sont inefficaces, les opérations qui font sortir les espèces devant avoir lieu en tout cas, et de plus, tous les négociants qui ont bon crédit s'adressent ailleurs, en sorte que la matière escomptable lui échappe, et qu'elle perd de cette manière le bénéfice que lui procure un taux plus élevé d'intérêt. — Oui, les récoltes se feront; oui, les cotons seront achetés en Egypte, quand même; mais sous le coup d'un avertissement utile, ces achats mêmes se feront avec plus de prudence, toutes les autres opérations du pays se ralentiront, toutes les autres spéculations se calmeront, et l'équilibre se rétablira.

Quant aux lettres de change qui vont se placer dans d'autres portefeuilles, le fait est parfaitement indépendant du taux de l'escompte. Qu'il soit à 5 ou à 3 p. 100, M. Cintrat peut être sûr que le portefeuille de la Banque sera toujours pauvre de la signature des Rothschild, des Hottinguer, des Mallet et autres maisons de ce rang.

Ce sont là morceaux de gourmets, qui se vendent toujours à prime.

Ce qui arrive à la Banque, c'est le papier de la masse du commerce; et tout homme de bonne foi, sachant les faits, ajoutera que la Banque de France est le *seul* établissement largement ouvert à la signature des *très-petits*.

Je regrette que M. Cintrat ait porté contre la Banque une autre accusation, aussi grave qu'injuste. Je souhaite que toutes les Sociétés anonymes, tous les Comptoirs, tous les Escompteurs, usent, avec autant de bienveillance et de réserve que la Banque de France, du pouvoir dont il faut bien se servir, celui d'exprimer un doute sur la valeur d'une signature, par un refus d'escompte.

En résumé, les vrais principes sont : que l'État confie l'émission de la monnaie de papier à un seul établissement, en l'entourant des garanties les plus complètes, de manière que la circulation, excédant la somme qui reste toujours dehors, soit représentée par des espèces, et que l'émission des billets ne puisse jamais être augmentée sans un accroissement égal de la réserve en numéraire, qu'en proportion d'un accroissement des besoins du public, constaté par une longue expérience.

Il est utile que la Banque d'émission soit en même temps Banque d'escompte et de dépôt, pourvu que ses statuts l'obligent à des placements sûrs, d'une réalisation prochaine, mais sans aucun privilége pour ces opérations.

Reste la question incidente de la Banque de Savoie.

Ses droits ont été reconnus dans certaines limites par les traités. Celui d'émettre de la monnaie de papier est contraire à l'intérêt public.

Qu'on applique à la Banque de Savoie, devenue française, la mesure décrétée par le Parlement anglais vis-à-vis des Banques anglaises. La circulation de ses billets est, dit-on, aujourd'hui de 1,200,000 francs. Qu'elle soit autorisée à l'élever à 2, 3 et 4,000,000 de francs, et plus même, mais que cette exception serve à confirmer la règle.

La Banque de Savoie reste libre d'user de tous les autres droits que lui donnent ses statuts. Si l'unité de la monnaie de papier nous paraît la condition de la sécurité et de la prospérité du pays, nous réclamons plus que personne toute liberté pour l'extension du crédit sous toutes les autres formes.

Le billet de banque ne peut, après tout, jouer qu'un rôle restreint. Que sont les émissions de billets de banque en Angleterre et en France, auprès de la masse de lettres de change, de billets à ordre, de warrants en circulation dans les deux pays? Que le champ soit libre pour ceux qui veulent enrichir le pays de nouvelles institutions de crédit, institutions financières destinées à faciliter toutes les grandes entreprises, Banques du peuple en faveur des ouvriers; toutes seront bien venues, et la reconnaissance publique ne manquera pas à leurs fondateurs. Quant à la circulation fiduciaire, instrument d'échange, mesure, comme le sont l'or et l'argent, de toutes les valeurs, souhaitons qu'elle leur reste en tout assimilée : c'est l'arche sainte ; respectons-la. La liberté d'émission des billets de banque conduit logiquement à leur cours forcé, à la suspension des payements en espèces.

Agréez, etc.,

Paris, 30 octobre 1853. AD. D'EICHTHAL.

N° 14.

ÉTAT

DES BANQUES PARTICULIÈRES ET DES JOINTS-STOCK BANKS

Qui depuis la loi de 1844 ont perdu le droit d'émettre des billets de Banque.

ANNÉES.	NOMS.	MOTIF DE LA CESSATION D'ÉMISSION.	SOMMES D'ÉMISSIONS autorisées par la loi de 1844.
1844	1. Bristol Old Bank............	Banque d'Angleterre (1).	2,240,000 fr.
—	2. Bishop Waltham, Hampshire..	D°	50,000
—	3. Cambridge Bank............	D°	219,000
—	4. D°	Fermée................	65,000
—	5. Margate Bank...............	Banque d'Angleterre.....	250,000
—	6. Oxford University and City Bk.	....	392,000
—	7. Staines Bank...............	D°	230,000
—	8. Wrexham and North Wales Bk.	D°	112,000
—	9. Western District Joint-Stock Banking Company.........	Dissoute...............	450,000
1845	10. Whitby Bank...............	Réunie à une autre......	50,000
—	11. Suffolk Joint-Stock Banking Company...............	Dissoute...............	186,000
1846	12. Dover Union Bank..........	En faillite..............	240,000
—	13. Stockton and Durham County Joint-Stock Bank.........	Dissoute...............	207,000
—	14. Romsey and Hampshire Bank.	Banque d'Angleterre.....	97,000
		A reporter........	4,788,000 fr.

(1) Banque d'Angleterre veut dire abandon du droit d'émission pour émettre les billets de la Banque d'Angleterre.

SUITE DE L'ÉTAT DES BANQUES QUI ONT PERDU LE DROIT D'ÉMISSION DEPUIS 1844.

ANNÉES.	NOMS.	MOTIF DE LA CESSATION D'ÉMISSION.	SOMMES D'ÉMISSIONS autorisées par la loi de 1844.
		Report..........	4,788,000 fr.
1846	15. Leeds and West Riding Joint-Stock Banking Company...	Dissoute...............	470,000
1847	16. Leeds Commercial Joint-Stock Bank....................	D°	350,000
—	17. Abingdon and Wantage.......	En faillite..............	740,000
—	18. Penzance Union Bank........	....	780,000
—	19. Leek and Congleton..........	Banque d'Angleterre.....	100,000
—	20. Salisbury and Fordingbridge Bk	En faillite..............	600,000
—	21. Shaftesbury and Hendon Bank.	Fermée................	245,000
—	22. Shrewsbury and Market Drayton	En faillite..............	242,000
—	23. Honiton Bank...............	D°	490,000
—	24. Bridport Bank..............	D°	617,000
—	25. St. Albans and Herts Bank....	Fermée................	60,000
1848	26. Grantham Bank.............	....	440,000
—	27. Sheffield and Retford Joint-Stock Bank..............	Fermée................	419,000
—	28. St. Albans Bank	En faillite..............	290,000
—	29. Wrexham Bank..............	Fermée................	80,000
1849	30. Yeovil Old Bank............	Banque d'Angleterre.....	250,000
—	31. Christchurch Bank...........	Fermée................	70,000
1850	32. Reigate and Dorking Bank....	En faillite..............	311,000
1851	33. Bedford and Bedforshire Bank. Company	Fermée................	212,000
—	34. Peterboro' Bank.............	D°	320,000
—	35. Oxford Bank................	....	370,000
—	36. Marlboro' and North Wilts....	....	312,000
—	37. Bromsgrove Bank............	En faillite..............	420,000
—	38. Stourbridge Bank...........	D°	430,000
—	39. Newport Old Bank	D°	210,000
1852	40. Warminster and Wiltshire Bank	....	624,000
—	41. Stourbridge Old Bank........	Réunie à une autre Banque.	440,000
1853	42. Newcastle, Shields and Sunderland Union Joint-Stock Bank.	Dissoute...............	2,100,000
—	43. Marlborough Bank...........	Fermée................	476,000
—	44. Wassal Old Bank............	Réunie à une autre Banque.	493,000
1854	45. Winchester and Hampshire Bk.	....	170,000
1855	46. Storey and Thomas Bank	....	240,000
—	47. Cardiff Bank. — Towgood and Company	Réunie à une autre Banque.	175,000
		A reporter.......	18,367,000 fr.

SUITE DE L'ÉTAT DES BANQUES QUI ONT PERDU LE DROIT D'ÉMISSION DEPUIS 1844.

ANNÉES.	NOMS.	MOTIF DE LA CESSATION D'ÉMISSION.	SOMMES D'ÉMISSIONS autorisées par la loi de 1844.
		Report...........	18,367,000 fr.
1855	48. Lichfield Bank...............	En faillite..............	570,000
1856	49. Cheltenham and Gloucestershire Banking Company....	....	320,000
—	50. Hertford and Ware Bank.....	En faillite..............	566,000
	51. Hemel Hempstead Bank......	D°	596,000
—	52. Knighton Bank..............	....	227,000
—	53. Bath City Bank.............	....	171,000
—	54. Worcestershire Bank.........	....	357,000
1857	55. Kettering Bank..............	En faillite..............	230,000
—	56. Hastings Old Bank...........	D°	950,000
—	57. Stone Bank..................	....	230,000
—	58. Worcester Bank..............	En faillite..............	380,000
—	59. Birmingham and Warwickshire Bank.....................	....	450,000
1858	60. Blandford Bank..............	En faillite..............	242,000
1861	61. Town and County of Poole Bk and Ringwood and Poole Bk.	....	300,000
—	62. Faringdon Bank and Bank of Wantage..................	....	224,000
—	63. Andover Bank...............	....	441,000
—	64. Nuneaton Bank..............	Réunie à une autre Banque.	199,000
—	65. Peterborough Bank...........	....	316,000
1862	66. Bewdley Bank (Nichols, Baker and Crane)...............	....	169,000
—	67. Kingsbridge Joint-Stock Bank.	....	100,000
1863	68. Hereford, Ross and Archenfield Bank.....................	En faillite..............	690,000
—	69. Wolverhampton Bank (Midland Banking Company)...	Réunie à une autre Banque.	350,000
—	70. Hereford City and County Bank.	....	560,000
—	71. Herefordshire Banking Company, Limited............	Réunie à une autre Banque.	625,000
—	72. Ross Old Bank, Herefordshire.	....	110,000
			28,000,000 fr.
		61 Banques particulières..	2,300,000
		11 Joint-Stock Banks.....	25,700,000 fr.
			28,000,000 fr.

En Écosse, deux Banques autorisées à émettre des billets jusqu'à concurrence de 8,100,000 fr., Western Bank of scotland, et City of Glasgow Bank, ont fait faillite.

N° 15.

Extrait du discours de Sir Robert Peel, sur la *Banque d'Angleterre*, 1844, p. 68.

J'ai essayé de montrer que la concurrence pour l'émission de la monnaie de papier est un principe mauvais, que les arguments qui viennent à l'appui de la concurrence dans la production de tout autre objet ne s'appliquent pas à celle de la monnaie de papier; j'ai essayé de montrer que le sentiment de la responsabilité individuelle cesse avec la pluralité des Banques d'émission, et que personne ne sacrifierait ses intérêts au bien public, lorsqu'il saurait que ses voisins ne suivraient pas son exemple.

J'ai aussi essayé de montrer que la hausse des prix conduit à une augmentation d'émission : que par conséquent il pouvait y avoir une excitation à la spéculation au moment même où un *découragement* serait nécessaire. J'ai cité l'exemple des États-Unis pour prouver que la concurrence pour l'émission de la monnaie de papier, bien que contrôlée par la responsabilité illimitée des associés et par la convertibilité légale du papier en monnaie, n'était pas une garantie contre l'insolvabilité des Banques et le dérangement général de toutes les transactions monétaires.

Si l'exemple des États-Unis n'est pas admis comme une règle pour nous, je me réduirai à prendre mes preuves chez nous et à examiner l'effet de notre propre système sur nos intérêts nationaux.

J'essaierai d'amener dans vos esprits la conviction absolue, par l'expérience de vingt années, que le temps est venu, si vous êtes sages, de vous mettre à l'abri de la concurrence illimitée des Banques d'émission, d'augmenter les moyens de contrôle d'un seul établissement, et de prévenir à l'avenir tous changements et toutes vicissitudes dans la monnaie de papier, cet intermédiaire des changes qui doit régler la valeur de toutes choses.

Passons en revue les époques où dans le cours des dernières années il y a eu trouble dans les affaires monétaires du pays et où, pour maintenir la convertibilité du papier en or, il a fallu recourir à un resserrement subit des émissions. Il y a eu quatre de ces périodes : en 1825, en 1832, en 1835-6, en 1838-9. Voyons quelle a été à trois de ces époques l'action des Banques locales.

En novembre 1823 le trésor de la Banque contenait £ 13,760,000; en novembre 1825 son encaisse fut réduit à £ 3,012,000. Si le principe d'un étalon métallique et la doctrine de la variation du papier suivant le taux du change sont vrais, il aurait dû y avoir une diminution considérable de la monnaie de papier : tout au contraire on évalue que, d'une époque à l'autre, la circulation s'est élevée de 4,000,000 à £ 8,000,000.

En janvier 1834 les métaux précieux dans les coffres de la Banque s'élevaient à £ 9,948,000 ; en 1837 il n'y avait plus que £ 4,071,000, et en même temps la circulation des autres Banques avait monté de £ 10,142,000 en 1834, à £ 12,000,000 au mois d'août 1836, la veille même de la crise.

Le 26 juin 1838, il y avait à la Banque d'Angleterre £ 9,722,000 qui étaient réduits à £ 4,344,000 en juin 1839, et la circulation des autres Banques qui montait à £ 11,740,000 s'élevait à £ 12,725,000.

Pouvons-nous passer en revue l'histoire des Banques particulières dans le cours des trente ou quarante dernières années et nier la nécessité de l'intervention législative ? En 1814, 1815, 1816, il y a eu deux cent quarante faillites de Banques, sur lesquelles il y a eu déclaration de banqueroute pour quatre-vingt-neuf.

Les lamentables événements de 1825 et 1826 sont présents à la mémoire de beaucoup d'entre nous.

Quant aux années plus près de nous, un document mis sous les yeux de la Chambre démontre la nécessité d'une nouvelle loi.

On a exprimé la crainte que les restrictions proposées ne diminuent le pouvoir de la Banque d'agir avec énergie aux époques de crises monétaires, d'alarme et de trouble commercial. Mais l'objet de la mesure est (autant que la loi le peut) de prévenir le retour des maux dont nous avons souffert en 1825, 1836, 1839. *Il vaut mieux prévenir le paroxysme qu'y pousser, et que se fier à des moyens désespérés pour en sortir.*

Discours de Sir Robert Peel, p. 77.

L'acte de 1819 a rétabli l'étalon (métallique) monétaire. Il a exigé que la monnaie de papier ne pût être émise qu'à la condition d'être convertible en or à la volonté du porteur. Elle est émise à cette condition. Sous le régime actuel elle peut pour un certain temps ne pas avoir la même valeur que l'or, il peut y avoir excès dans l'émission, elle peut servir à donner une ressource passagère plus grande que ne le ferait une circulation métallique, elle peut élever les prix et créer pour quelque temps l'apparence de la prospérité. Mais elle produit tout cela avec la certitude d'une réaction, avec la certitude que le jour viendra où l'étalon métallique, maintenu dans toute sa pureté, établira sa supériorité et amènera la monnaie de papier à reprendre la valeur de l'or. Et quand la dépréciation du papier devient un fait de notoriété, tout porteur de billets, depuis celui dont un billet de £ 5 est la seule propriété jusqu'au grand capitaliste qui par l'étendue de ses opérations a le pouvoir d'influer sur le taux du change, chacun usera de la loi qui prescrit l'égalité de valeur du papier avec l'or. Chaque détenteur de papier usera du moyen certain de réaliser un petit bénéfice, en demandant de l'or en payement du papier.

Quels avantages aura produits cette ressource temporaire, quel avantage sera résulté de la hausse passagère des prix, si la conséquence inévitable est, comme je le prétends, un resserrement de la circulation assez grand pour rétablir l'équilibre avec l'or ?

Gardons-nous de confondre les facilités tirées d'une avance libérale de capitaux, la hausse des prix produits par la prospérité générale, et l'accroissement de la demande, avec ces facilités ou cette hausse de prix qui n'a pas de base plus solide qu'une émission illicite de papier-monnaie; je l'appelle illicite, si sa valeur ne reste pas identique avec celle de l'or, qu'il doit représenter et que la loi a constitué mesure de valeur.

PARIS. — IMPRIMERIE J. CLAYE, RUE SAINT-BENOIT, 7.

www.ingramcontent.com/pod-product-compliance
Ingram Content Group UK Ltd.
Pitfield, Milton Keynes, MK11 3LW, UK
UKHW021827190726
13853UKWH00003B/1234

9 782329 570907